影梅庵忆语

〔明〕冒襄 著
雷振华 注译

岳麓書社·长沙

译　记

《影梅庵忆语》是“明末四公子”之一的冒襄追忆亡妾董小宛的“忆语体”散文。他在爱妾病逝之后，无限哀婉，无以为寄，先写长篇叙事诗回忆，受文体所限，不能尽情抒怀，遂又写此文以补记。从婚前与秦淮名妓董小宛初识、再遇、历经种种阻难，到婚后九年的闺阁闲情，几番历险磨难，所述之事主要发生在苏州、如皋、南京、盐官四地。本书文辞清婉，作者对董小宛的种种才情，及自己与小宛伉俪情深描述详尽。这样的文字、这样的情感与江浙水乡的柔美景致相互映照，愈显缠绵。故此文被视作“忆语体”散文的开风气之作。

董小宛（1624—1651），原名白，复字青莲，苏州人，出身于苏绣世家。董小宛容貌秀丽，天资聪颖，又受父母悉心教导，在诗词书画、针线女红等方面都有所成。然而世事多舛，她十三岁那年，家道突变，母亲花了大笔钱在城外的半塘河滨建了一座幽室，绣庄的生意全权交给伙计打理，自己带着小宛住到城外，过起隐居的生活。殷实的家境、母亲的宠爱、长期的避世隐居造就了董白清高孤傲的性情。崇祯九年（1636），战火四起，董母打算关闭绣庄，把钱收回，却被绣庄伙计算计，不但没有银两进账，反倒亏欠外面上千两银子，董母由此病倒。母亲生病、绣庄倒闭、债务压头，董白别无他法，在他人的引荐之下，来到南京的秦淮河畔卖艺，改名小宛。

她清秀的容貌，脱俗的气质，过人的才情，很快就闻名秦淮河，与柳如是、李香君、陈圆圆等人合称为“秦淮八艳”。董小宛生性清高，但处于生存的夹缝之中不得不对客人违心媚笑。在那段时间，常伴雅客游太湖、登黄山、泛西湖，纵情山水之间，忘却世事艰难。冒襄从朋友口中得知这位才貌俱佳的丽人，小宛也于姐妹欢宴和宾客交谈之中听闻这位世家公子。小宛十六岁那年，两人初见，未言一语；隔年冒襄再见小宛，两人顿感相识恨晚，于是便有了书中的这一段佳话。

董小宛的美貌与才情自不必说，难能可贵的是她对待自己人生归宿的态度，不仅能主动追求，还能于万难之中坚持自己的决定。这种对爱情的大胆追求、不放弃的态度在当时实为难得，因而震动了秦淮河岸的文人墨客。最终钱谦益出面为其化解各种矛盾，才使这段良缘得以结成。

《秋灯琐忆》是清代文人蒋坦描写与爱妻秋芙居家琐事的作品。此文在秋芙还在世的时候写有一部分，在其病逝后作者又添写了一些内容，因此作者的情感时有矛盾之处。有些地方提到了对以后两人生活的构想，有些笔墨又充满了哀怨追忆之情。蒋坦，字蔼卿，清道光咸丰年间人，出身于盐商家庭，家风比较开明。蒋关两家是世代姻亲，他和妻子从小一起长大，两小无猜，婚后两情相悦，幸福甜蜜。此文难能可贵之处在于将平凡琐碎的夫妻感情写得真挚而又颇具美感。这种平凡之爱比之冒董的才子佳人爱情更令人羡慕和神往，因为凡人之爱贵相知相守而不贵曲折离奇。此文全篇不见封建婚姻和家庭礼教的严肃，笔调清新但又带暗暗的忧伤，这既来自作者对亡妻的思念，也是处于内忧外患中的文人忧思现实的结果。

将这两段爱情故事集于一书，一段看才子佳人的曲折离奇，一段看平凡夫妻的温情缠绵，相与对照，任君评说。为照顾原文风格，笔者多采取意译。对不易理解之处，做出适当补译。舛误之处，在所难免，请方家不吝指正。

雨田写于听风阁

2019 年 5 月

目　录

影梅庵忆语　译文/原文

附：秋灯琐忆　译文/原文

影梅庵忆语

卷　一

嗟叹小宛

爱缘于亲昵，亲昵就容易尽其所能去粉饰。这样看来，除去对所爱之人添加的粉饰，天底下恐怕就很少有真正可爱之人了。况且内宅深屏，流光溢彩都隐秘难知，只凭借善于刻意雕琢的文人的描摹想象，就能得出像麻姑幻谱和神女浪传这样的故事来。近来，有好事之人又假借这些事情精心撰写文章和乐歌，加彩添色，奢谈曲折离奇的悲欢离合，使得书写西施、夷光、文君、洪度故事的书，每家的书阁中都有。这也是闺秀的奇冤了，然而都不过是贪求虚名之人的恶习罢了。

我的亡妾董氏，原名白，字小宛，复字青莲。籍贯秦淮一带，后来迁徙到吴门。在风月场虽然负有盛名，但世俗广为流传的艳名芳迹却并不是她真实的事迹。当年初识，小宛就发誓要跟随我。后来，到我家中，成为我的爱妾，她的智慧才识，才开始一件件显露出来。九年之中，她与家里上下内外、大小老幼，既无忤逆，也无嫌隙。她在我避世隐居时辅助我著书成集，辅佐我的妻子苏氏精通女红，还亲自操持家务。在我蒙难患疾之时，她视险恶的环境如履平地，对待苦难如同含饴，与我更似合为一人一般，同享苦乐。

如今爱姬突然故去，我混沌失所，不知是她亡故还是我亡故！唯见妻子苏氏只身孤影，徒望左右手而罔然失措。举家上下，都悲酸痛楚，感慨这般好的人是不可再得了！她的兰质蕙心和那些不为人知的美行被传颂到外面，听到的人莫不感叹，都说纵是文人义士也难以与之争俦啊！

我曾为小宛写下《哀辞》数千言来悼念她，因受制于声韵而不能将情感尽悉表达，现在大略记述她的生平梗概。每当我冥痛沉思爱姬的一生，与爱姬相偕度过的九年光阴，往日光景一齐袭上心头布满眼帘，阵阵酸楚，痛彻心扉。我虽有吞鸟梦花之心智与手笔，也无法将对她的追忆尽述出来。区区带泪之笔，是这般枯涩黯削，尚且不能将我对她的爱意自行传达，又怎敢妄自粉饰？何况爱姬待我，始终是自然之态，并不轻浮狎昵。

如今，我年已四十，胡须和眉毛又长又硬，怒张如戟。十五年前，眉公先生说我视女子的美貌与才华，不过一笑而已。难道我今天反而会效仿轻薄之徒散漫地去谱写情艳之事，以欺骗地下的亡灵吗？倘若有知我信我的人，便会知晓我乃因为明了小宛异于常人，才以恢弘的文章、华丽的辞藻赠与她。如今，我倾尽文采来回报她，爱姬死而无憾，我亦生而无憾了。

曲栏初见

己卯年（1639）初夏，我到南京应试，与密之（即方以智）会晤。他说："秦淮河的佳丽之中，近来有个女子，芳华年纪，才华和容貌为一时之冠。"于是，我专门去拜访她，不想她因为厌恶胭脂薄粉的纷华闹市，已携家搬到苏州去了。后来，我科举落第，浪游于苏州一带，多次前去半塘探访小宛，她却逗留在太湖洞庭山没有返回。当时，名气与小宛不相上下的还有沙九畹、杨漪炤。我日日游于她俩之间，却独独与小宛虽近在咫尺却无法得见。

过了一些时日，我将要启程返乡，决定再次前去探访她，期冀能见上一面。小宛的母亲秀丽而贤惠，安慰我说："你已来了数次，幸好今日我女儿尚在家中，只是微醉未醒。"过了一会儿，小宛的母亲再次出来，从花园的小径搀扶着小宛移步到曲栏，与我见面。只见她面色微醺，脸含春色，醉眼蒙眬，香姿玉色、神韵天然，只是薄醉未消，懒慢而未言一语。我猛然一惊，对她十分喜爱，但又爱惜她身体倦怠，只能就此作别而归。这便是我与爱姬的初识，当时她十六岁。

庚辰年（1640）夏天，我滞留在影园，又欲借这次路过的机会拜访小宛。有客人从吴门来，听闻我的打算，告诉我小宛已到西湖游历去了，随后还会顺便游玩黄山和齐云山，于是只得将看望她的计划搁置。辛巳年（1641）早春时节，我去衡山探望父亲，从浙江的道路前往，途中经过半塘，再次询问小宛的行踪，却得知她仍滞留在黄山。

吴门陈圆圆

那时，许忠节公要赴广东任职，与我连舟而行。一天，我们一起饮酒归来，他对我说："这里有一位姓陈的美姬，擅长唱曲，在梨园中分外出众，你不可不见。"于是，我便陪同忠节公驾船前去寻觅，往返数次，才得以见到。

这位女子看上去清淡而暗藏神韵，盈盈冉冉，身着上等丝质香衣，湘裙曳地，当时从背后望去，宛如孤鸾缥缈于烟雾之中，如梦如幻，令人痴醉。那一日，她以弋阳腔唱传奇《红梅记》，本来是一部艳俗之剧，多咿呀啁哳的声调，但经由陈姬的身和口演出来却是另一番光景，其身如云出岫那样飘然，其声如珠在盘中那般婉转，令观者欲仙欲死。

漏刻的水面已经下落，报更的鼓声已经敲了四次，风雨忽然大作，陈姬坚持一定要驾着小船离去。我扯住她的衣服与她约定再次相见的时间，她答道："光福的梅花开得正盛，如冷云万顷，你能明日陪我一同前去游玩吗？去的话，则要在那耽搁半个月的时日。"我因为要赶着前去探望父母，时间紧迫，便告诉她不敢逗留的缘故。估算日期，大约八月返回。就又对她说："我从南岳回来，估计已经到八月了，我必当在虎疁的桂花丛中等你。”

与圆圆别去之后，我果然恰好在钱塘江观潮日侍奉母亲回来。到西湖时，我因父亲被调到已被张献忠攻破的襄阳驻守，心急如焚。打听圆圆的消息，却得知她已被国戚权贵掠去，惊闻此讯，内心郁郁寡欢。等到达阊门，水浅而船只难行，搁浅胶着在一起，往前至浒关的十五里水路都被大小船舶充斥，不可前行。我偶尔与一旧友相会，与他言语间不禁叹息说：“那位陈美人恐怕再也难以见到了。”

这位朋友却说：“你弄错啦！上次被国戚权贵劫走的是冒充的。陈圆圆现在的藏身之所，离此处很近，我可以陪你一同前往。”我到了那里，果然见到了挂念已久的佳人，只见她如芳香之兰花身处幽谷，别有一番韵味。她与我相视而笑，说：“你来啦！你不就是那个雨夜里在船中与我订下芳约的人吗？深感你之前的殷勤相待，我却因为仓促而不能约定再见面的时间。如今我差点掉入虎口，幸而逃脱，能再见到你，真乃天赐的幸运啊！我居住在这僻陋之所，又长期吃斋清修，整日里品茗、焚香。想留你于明月桂影之下畅谈一番，商量一些事情。”我因为老母亲在船上，江河上多有阻碍，加上率领上百青壮年护航，他们都还住在河边，便急切地想快点返回。

刚到黄昏时候，炮械声震耳欲聋，击炮声好像就在我的船边，我大步流星奔回船中，原来是宦官与我的士兵因为争抢河道而争斗，我想办法化解，对方才离去。此后为防生出其他事端，我便固守船中，不再登岸。

第二天，圆圆淡妆而至，求见我的母亲太恭人。见面后，坚持要我再到她家中去一趟。那天晚上，船舶仍然受阻，我乘着月色前去见她。一见面，她就急匆匆地说："我想要脱离樊笼，想挑选一位良人来侍奉，现在看来，我可以托付终身的人，非你不可。刚才见到老夫人，如覆春云，如饮甘露，我真算是见到可以仰赖依靠的人了。请你不要推辞！"

我笑着说："天下没有这么容易的事情啊！况且我的父亲身陷前线的战火之中，我回来，本应当抛妻弃子，陪父亲去前线作战为国家殉身的。两次路过这里，都是因为道路受阻无聊打发时间而已。突然听到你这番言语，我很是惊讶。即便果然如你所言，我也只能塞住耳朵坚决推辞，不能耽误了你。"

她又婉转地说："倘若能蒙你不弃，我起誓，等你衣锦还乡之时必于家中服侍你。"我答应道："真能如你所言，我就与你约定到时候来迎娶你。"当时圆圆的惊喜和反复叮嘱之态，语言繁多就不一一记下了，那时我当即写了《赠畹芬八绝句》以记此事。

双语成病

归来之后，又经历了秋冬两季，我一直在为父亲的事情奔波劳累，其万般状况难以尽述。一直到壬午年（1642）的农历二月，京城里向朝廷进言的诸位官员，体恤我为父亲奔波的辛劳，又怜爱我身为独子的悲苦，终于放出了让父亲离开襄阳，允许换到近些地方驻守的消息，并预先将消息告诉了我。当时我正在毗陵，听到这个喜讯，心中的石头终于落下，因此在去接父亲路过苏州时，便去探慰陈圆圆，践往日之约。她从去年冬天就多次催促我，而我却一直没来得及答复。

到达她家，才惊闻十天前她已被当朝的国戚权贵以权势逼抢走了。开始的时候，吴门有喜爱她的人，聚集了上千人喧哗而起，抢出了她。那权贵又夸口相要挟和欺诈，又不惜用数千两银子行贿，地方官员担心遗留下隐患，于是圆圆被抢救出后又被权贵掳了回去。我到后惆怅不已，然而解救父亲远离患难的事情毕竟更为重要，即便是辜负了一名女子也不感到遗憾。这天晚上我备感抑郁，便与友人寻了一艘船去虎疁夜游。第二天，安排好派人去襄阳接父亲的事情后，我便解开船索启程回家了。

船经过一座小桥，我望见有座小楼伫立在水边，于是便询问路过的游客：“这是哪里？这座楼又是哪位佳人居住？”朋友回答我说：“那是双成馆，董小宛就住在那里。”想着三年来累积而成的思念，我禁不住狂喜起来，正准备立即停船前去拜访。朋友却阻挡说：“小宛之前也被当朝的权贵所惊吓，如今生了重病、已经卧床不起有十八天了。而且自她母亲过世后，她已关门避客了。”

我强行登楼，敲门再三，门才打开，只见室内灯光昏暗。曲折宛转好不容易来到楼上，则看到药饵布满几案和床榻。小宛声音低沉、气息微弱地询问我从哪里来，我告诉她，我就是三年前在曲折的回廊处与喝醉的她相见的那个人。

小宛回忆起来，潸然泪下说：“昔日你多次来寻我，虽然只见过一面，我的母亲却常常私下里称赞你是奇才俊秀，为我不能与你相伴而感到可惜。如今已过去三年，母亲刚刚去世，我见到你，忆起母亲，她昔日的话语仿佛就在耳畔。今日，你是从哪里来的呢？”于是，小宛强打着精神起身，揭开床幔看着我，又移开灯，留我坐在床榻上。谈了一会儿，我怜爱她身上有病，便请辞离去。她牵着我的衣袖，挽留我说：“我这十八天来，吃不好饭，睡不着觉，每天昏昏沉沉恍若梦中，惊魂落魄，神色不安。今日一见到你，便觉得神清气爽，有了些生气。”随即命令家仆准备酒水和食物，与我在床榻前共饮。

小宛不停地敬我酒，我多次告辞，她一再挽留，不让离去。我告诉她：“明天我派人去襄阳，告诉家父即将调离战事之地的喜讯，如果今夜留宿在你这里，明天早上就不能安排人去报平安了。等我把事情办妥了，再来这里稍停半刻吧。”小宛说：“看来你真的有特别重要的事情，我也不敢再挽留你了。”这才告别离去。

坚以身从

第二天，前往襄阳的使者出发后，我便急切地想返回家乡，朋友和仆人都说："董小宛昨天才与你见了一面，就对你表现出拳拳深情，你千万不要辜负了她啊。"我仍去小宛家与她道别，到她家时，她已梳洗装扮妥当，正倚栏远眺，看到我的船一靠岸，便疾步向前登上船。我与她说完道别的话，即将启程，她却说："我的行李都已经收拾好了，将随路相送。"我想推却又不能推却，想阻拦又不忍心阻拦。从浒关一直到梁溪、毗陵、阳羡、澄江，抵达北固，共二十七天，这二十七天里，我天天与她道别，催她下船，小宛坚决表示要以身相从。

路过金山，我与她一起登山，她指着江水起誓说："我这身体就如同江水一般，一路向东而行，断然再也不返回吴门了！"听到她这番话，我大惊失色，立马拒绝，告诉她：科举考试的时间已经逼近，加之这一年来，因为父亲大人滞留在危险的疆场，我四处奔波为父亲解困，家中的事情都被荒废，没有打理，也没有时间回家探望老母亲。我如今才回去料理这些事情。而且小宛在吴门的讨债者众多，如何处理？又如何在金陵赎身落籍？这些事情都要大费周章。于是劝她还是先回吴门，等我夏天去参加科举考试的时候，携她一同前往金陵赴考，等秋天考试结束后，不管中还是不中，我都会有闲暇处理她的这些事情。现在缠绵在一起，互相妨碍，并没有益处。小宛仍然犹豫，踌躇不肯离去。

当时恰好有色子在几案上，一个朋友便开玩笑说："小宛啊，你如果最后能够如愿，应当能用这色子投出好运气。"于是，小宛肃容面向船窗拜了拜，许愿完毕，拿着色子投掷，竟全部是六点，一时间，船上的人都啧啧称奇。我说："果然我与你的缘分是天意啊，仓促办事不太好，反而会败坏这件好事。不如你暂时离去，让我慢慢谋划。"实在不得已，小宛才掩面失声痛哭与我离别。我虽怜爱她，却又觉得终于可以一身轻松地回家了，有如释重负之感。

万难意阻

我刚刚到达海陵，马上参加了考试。六月回到家里，妻子对我说："董小宛已让她的父亲过江来如皋传话，说小宛返回吴门之后，闭不出户，一心吃斋，只翘首以盼，希望听到能与你践行金陵同行之约的讯息。听到这番言语，我惊异不已，便给了她父亲十两银子，让他先回去。"又说："我怜爱小宛的一片真心，已经答应了她，只是让她静静等候，待你科考结束后，这些事都好商量。"我感激妻子有成人之美的雅量，能允许我与小宛在一起，便没有践行先前的约定，派人去接小宛一同前往金陵，最后独自前去金陵赴考，准备等考完后再报信与她。

农历八月十五的清早，我从贡院出来，小宛突然出现在我寓居的桃叶寓馆。原来她久盼我的讯息而我却不来，她只身带着一名老妈妈，租了艘船从吴门沿江而行，来追赶我。途中遇到强盗，将船藏到芦苇丛中，导致船舵损坏，不能行进，船停在那里，断了三天炊烟。初八日到达秦淮三山门，她又担心与我相见会打扰我首场考试的文思，于是推迟了两天才进城来。

小宛见到我虽然很是欢喜，向我仔细讲述了离别后这一百多天的遭遇，她天天吃斋，闭门谢客，以及船行江上遭遇盗贼时惊恐失魂的情状。说着说着就声色凄惧，而跟随我一同回如皋的想法更加坚定了。当时魏塘、云间、福建、河南等复社中的成员，无不大赞小宛有胆识，又怜悯她心意之诚，纷纷赋诗作画勉励她。

科考的事情既然已经结束，我又妄自揣测这次必定会高中，便认为此后应当料理与小宛的事情，以报答她对我始终追随的心意。不料十七日那天，突然传来父亲的船已经抵达江干的消息，原来父亲并没有赴宝庆任职，而是直接在襄阳请辞返乡了。当时我已足足有两年未见到父亲，父亲能从兵火战事中生还，我喜出望外，只想早早见到他。于是我也等不及为小宛谋划，急忙从龙潭尾追着父亲的船到了銮江。见到父亲，他询问我科考的情况。细看我的文章后，也说一定能高中。让我留在銮江等候发榜。

小宛仍从桃叶寓馆发船来追我，在燕子矶遇到大风，差点遭遇不测，才在銮江舟中重新见到我。七日后才发榜，我却只中了副榜。我沮丧不已，日夜兼程赶回乡下，而小宛痛哭流涕一路相随，不肯返回。我详细了解了小宛在吴门遭遇的各种麻烦，觉得不是靠我一人之力能够解决的。那些催债的人见我远道而来，更生奢望，索价愈高，众人吵闹，气焰嚣张。况且父亲刚回来，自己又科举失意，种种不顺，万种困难堆积在一起，实在是没法立即料理这件事。当船抵达如皋城外朴巢时，我终于冷面铁心起来，与小宛诀别，让她返回吴门，以满足那些讨债人的心意，以后的事情才有谋划的可能。

仙侣终成

农历十月，我经过润州，拜访房师郑先生。当时福建的盟兄刘大行从京师过来，便与陈大将军以及同盟刘刺史在船中饮酒。正巧，我的奴仆从小宛那里回来，说：小宛回去以后，一直不愿脱下与我离别时身上穿的那件夏服，现在已是深秋，她仍旧是衣衫空空，声称如果我不快快到她那里商议迎娶之事，她甘愿冻死。

刘大行指着我说："辟疆，你素来以侠义之风著称，怎么能这般辜负一位女子的情意呢？"我说："古代黄衫客和古押衙那等侠客所做的事情，实在不是我这样像严君平和王仙客一般的人物，能以一己之力而完成的啊！"刘刺史听了，即刻举杯扬臂说："如果给千两银子任我支配，今日我便启程去苏州周旋这件事情。"陈大将军立马借出数百两银子，大行又献出几斤人参加重筹码，辅助成事。谁知刘刺史到吴门后，不善于调停，与众债主谈崩了，自己也避到吴江去了。我只得又回到家乡如皋，不再与小宛通音讯。

小宛一时进退维谷，到了难以收拾的境地。虞山宗伯钱谦益听闻这件事情后，亲自到半塘，将小宛接到船上。上至官员，下至市井之徒，所有大小债务一一询问，三天之内为小宛安排完毕，得来的债券堆起来竟有一尺多高。钱宗伯又将船停泊在虎丘，在船上张罗酒宴，邀请远近朋友为小宛践行，然后租船将小宛送到如皋。

农历十一月十五日，黄昏时刻，我正在家里的拙存堂陪父亲饮酒，突然听仆人传报说小宛已经抵达河岸。同时收到钱宗伯带来的书信，洋洋洒洒，将事情的过程细细说明，我才知道这些情况。在信中，他还说已经发了急件给在南京礼部祠祭司任职的张姓门生，要他安排小宛落籍的事情。苏州其他未了结的琐碎事情，则托付给在礼部仪制司任职的周士章。又请御史台官员，曾经在礼部任职的李邦华过问小宛在南京可能会遇到的问题。足足用了十个月的时间，这些事情才终于处理完毕，然而前前后后往返纠葛，真是耗费了万千心力才得以灌注而成啊！

壬午年（1642）四月的最后一天，小宛送我到北固山下，她坚持要跟我渡江回家。我拒绝了她的请求，她更加凄切悲哀，不愿意离去。船停在江边，当时有西洋人毕今梁寄给我的一块夏季西洋布料，轻薄得就如同蝉翼，颜色比冬天的雪还洁白光艳。我让人用粉红色的布料做衣服里子，为小宛制成一件夏季的轻衫，这件衣服的华美程度简直与当年张丽华桂宫的霓裳不相上下。

端午节那天，我与小宛一同登金山，四五艘龙舟冲波激荡，逆流而上，山上的游客有数千人，都尾随围观着我俩，纷纷议论，指指点点，惊为神仙。绕山而行，只要是我俩停留的地方就会有龙舟争相前来，在水中盘旋回环数圈而不离去。我将驾船的领头人唤来询问，原来驾船的人都是去年我从浙江回来时所坐官船上的船工，便赠送鹅和酒犒劳他们。

第二天返回船上，船上有宣德年间的瓷器大白盂，盛着几斤樱桃，我与小宛一起享用，一时间我竟难以分辨何为樱桃何为小宛的樱唇。江山多娇，人美物丰，相互映照，直到今天谈论者还在渲染当日之美。

卷　二

山水逸情

秦淮河中秋节那天，来自四面八方的复社朋友纷纷感慨，小宛为了我，不顾遭遇盗贼的危险，一路艰辛相随，便在桃叶水阁置办了酒席。当时在座的眉楼顾夫人、寒秀斋李夫人，皆为小宛的至亲姐妹，觉得小宛寻到我这般的归属乃大美之事，都纷纷前来庆祝。

那一天上演了一部新戏《燕子笺》，曲尽而情艳。演到霍都梁与名妓华行云悲欢离合之处，小宛声泪俱下，顾眉和李宛君也跟着落泪。那一刻，才子佳人相依相伴，楼台烟水相互映衬，新曲明月相和而来，万般美好，都足以流传千古。现在回想起当时的情景，觉得那是只有卧在游仙枕上，于梦幻之中才能见到的场景啊！

銮江汪汝为修建了许多园亭楼台，其中一座修建在江上的小园，最能收尽江面远山的景色。壬午年（1642）农历九月初一，汪汝为曾在江口的梅花亭中宴请我和小宛。长江白浪滔滔，就像是簇拥着奔跑的大象奔赴杯底而来。小宛酒兴大发，手持大的敞口浅杯，一顿狂饮，执行酒令的人又公正严明，一时间在座的美人都溃不成军，四散逃逸。小宛平日最是温和谦谨，像那一日显现的豪情逸致，我也只见到过一次而已。

乙酉年（1645），我带着母亲和家眷，流落到盐官避难，春天的时候经过半塘，看见小宛旧时的寓所，还完好无损的在那里。小宛有个妹妹叫晓生，她和沙九畹来到我们的船上拜访，看见我对待小宛就像对待如意珠一般，而我的夫人又十分贤淑，与小宛相处融洽，她俩又是羡慕又是嫉妒。我们一同重游虎丘，她们给我一一指点以前游玩的地方，讲述旧时种种盛况。吴门知道小宛的人都称赞她有远见有魄力，找到了一个好的归属。

浙江嘉兴南湖上的烟雨楼高高耸立，蜿蜒曲折向东而建，而竹子、亭子、园子有一半在湖中；然而那环绕城墙四面、名园胜寺以及浅水处小岛，像溪水一般而又波光粼粼的，其实都是湖水。游人一登上烟雨楼，便都说已经望尽南湖的美景了，却不知道南湖烟波浩渺的极致之美，其实并不在此。我曾和小宛在此游历了一日，又一起追忆了钱塘江下桐庐山和严陵濑那里碧浪击打苍岩时开阔澎湃的盛况。小宛说："新安山水的逸情，就在人们的饮食起居之中，格外令人感到满足快乐！"

澹情裙布

钱谦益宗伯将小宛送到如皋来的时候，我正在园子里陪父亲饮酒，事情太过仓促，不敢马上将小宛的事情禀告父亲，又陪父亲饮酒到四更，还没结束。我的妻子苏氏不等我回来，就先在其他地方为小宛打扫置办了一间房屋。帏帐、烛火、器具、吃穿用度，没有一件不是即刻准备好的。等我喝完酒来见小宛，小宛说："我的船刚刚到这里的时候，正疑惑你为什么不来迎接我，却只见许多婢女簇拥我上岸，我心怀疑虑，又感到很害怕。等到了这间屋子，发现无所不备。向旁人询问，才知道都是夫人为我准备的，才不禁感叹夫人的贤惠，而更加为自己感到高兴，多年来锲而不舍，执意要跟随你是多么正确的决定啊！"

从此小宛住在这间别院里，不再吹弹管弦之乐，洗尽铅华，只专心致志地学习女红，经常一个多月都足不出户。沉浸在寂静之中，享受恬静的时光，她说就像突然从万顷的火焰云中出来，得以来到清凉的世界里休息一般，回望从前在苏州五年的风尘时光仿佛在梦境中、在牢狱里一样。住了几个月之后，小宛的女红样样精巧妍丽，刺绣工整精美。她绣制的头巾和衣襟，针脚细密，看不出缝合的痕迹，像这般模样的，她每天可以绣制六幅。剪裁织字，如同用金丝线做回文一般，小宛穷尽了各种技巧，超过针神、针绝那样的能手，真是前无古人了。

小宛在别院住了四个月，妻子苏氏才领着她回到家里。刚进门，我的母亲和妻子见了都异常喜爱她，给予她特别的照顾。小姑和大姐对小宛尤其珍重亲密，说小宛品性德行、举手投足都与一般的女子大不一样。而小宛侍奉在我母亲和妻子左右，任劳任怨，听从安排，比那些婢女们还要用心。煮茶、给水果剥皮这样的事情，小宛必定亲手递上。她又很善解人意，常常宽解忧思，令人眉开眼笑，称心如意。

每当到了大寒、大暑时节，天气寒冷得可以令熬制的胶皮折断，热得可以将金石熔化。一到用餐的时候，小宛必定会拱手站立在座位的旁边，随时听候我们的差遣。我们一再让她坐下来吃饭，她便快快坐下，快快吃完，快快起身，重新承担起差役的职责，像开始那样拱手站立在一旁。

我教两个儿子写文章，由于缺乏耐心，每当对他们的文章不满意的时候，就会鞭打责罚他们。小宛一定会督促他俩认真修改文章，并工整地誊写好，再交给我，即便到了夜晚也不懈怠。这样过了九年，小宛与我的妻子竟从来没有一言不合的时候。她对待奴婢等下人，又十分仁慈宽爱，大家与她相处不但不感到惶恐，还都感激她给予的恩惠。

我出入应酬的费用和妻子的日用开支，都是经小宛之手而支出的。小宛从不私藏一毫一厘钱财，既不爱储蓄，也不给自己添置一宝、一粟、一钗、一钿。小宛在弥留之际，是元旦的第二天，她还一定要见过我的老母亲，然后才安然瞑目。而她除了身上所穿戴的衣物，将金银红紫等饰品全部卸去，不让用这些东西殉葬。小宛确实是一个与众不同的人啊！

佐抄诗史

多年来我一直想汇编四唐诗集，购买全集、归类逸事、集合众人的评语，将诗人以年代先后的顺序罗列，每一集都仔细加以评选，广泛搜罗遗失的资料，期望有所成就，其丰富详实的程度蔚为大观。初唐和盛唐的资料稍有了些次序，而中唐和晚唐的诗人，有的有名字却没有集子，有的有集子却又不齐全，或者名字和集子都没见着的仍有很多。高棅编选的《唐诗品汇》，只记录有六百家诗人的大略；即使是宋代计有功撰写的《唐诗纪事》一书，记载的一千多位诗人也只是姓名事迹稍稍存有一些，而诗人所作的诗并没有记录；尤袤撰写的《全唐诗话》收录的唐代诗歌史料，更是只有星星寥寥的记录，很不齐全。

兰隅先生为《十二唐人》作序，说南昌的收藏大家藏有中唐、晚唐没有刊刻的诗集七百多种。河南孟津的王铎也告诉我，他买的灵宝许氏的《全唐诗》数量惊人，满满装了几辆车。那是昔日逃亡到盐官的兵部员外郎胡孝辕批阅的唐人诗，刻板印刷出来需要的工钱要几千两银子。可惜我身处偏僻的地方，无书可借，近来又裹足在家里，不能出去购书。这样经营搜索，实在颇费心力。然而我每得到一册，必定仔细加以校勘评点。其他书中凡是有与我汇编的集子相关的内容，我都将它的目录和简介抄录下来，交给小宛收藏储存。至于编排诗人的年代次序和评论人物，都以《唐书》为标准。

小宛整日里辅助我检查抄写，细心商讨订正，夜以继日，相对忘言。小宛读诗没有不能理解的，而且还能以自己聪慧而富有新意的见解来解释它们。她尤其喜欢读《楚辞》、少陵、义山以及王建、花蕊夫人、王珪三家的宫词。堆积起来与身高相等的书籍，环置她座椅左右，午夜睡觉的时候，被褥香枕之间，她仍抱着几十家的唐诗而卧。如今小宛的闺阁已经尘封，我不忍心开启，忆往思今，将来我的这番志愿，又有谁能够伴我完成呢？只能付之一叹而已啊！

还记得前年我读《后汉书》，读到陈蕃、范滂、郭泰等人的传记时，感慨他们遭人诬陷，为之抚几拍案。小宛见状，一一询问事情的始末，面露愤慨之色，并发表了一番绝妙而又公道的议论，简直可以作为一则史论记录下来。

乙酉年（1645）在盐官旅居，我曾向诸位好友借书来读，但凡有奇异怪僻的地方，就让小宛抄录下来。小宛则将其中涉及闺阁的事情，另外记录成一册。回到家里后，我和小宛又遍搜诸书，继续将其补充完整，命名为《奁艳》。这本书瑰异精秘，但凡与古代女子相关的事情，从头至脚，都有所记载。不仅记录有服饰饮食器具、亭台歌舞、女工和文才，而且下至禽鱼鸟兽也有记载，即使是像草木这样的无情之物，只要稍稍涉及情趣的，也都归入到香丽之列。现在，小宛那时书写的细字红笺，类分条析，都还在她梳妆用的小匣子中。

去年春天，顾眉夫人远道而来向小宛借阅此书，她和龚鼎孳先生都极赞其妙，催促我将它刊印成书。我应当忍着悲痛赶快去做这件事情，将其校勘，聚集工匠，把它刻印出来，以成全小宛生前的志愿。

泓颖独珍

小宛初到我家的时候，见到董其昌为我书写的《月赋》，模仿的是三国时期钟繇字帖的风格，她十分喜爱，常常临摹，后来又四处寻觅钟繇的其他字帖来学习。后来，她阅读钟繇的《戎辂表》，里面竟把她崇信的关羽说成是贼将，于是便废弃钟繇的字帖，而改习蔡邕的《曹娥碑》。每日临摹几千字，既无错字，也无遗漏。

但凡我选摘的地方，她就会立即抄录成册，不论是史事，还是诗歌，又或者是逸闻趣事、妙句锦联。我能事无巨细，全然明晓，都是因为有小宛做我的绀珠啊！小宛还曾代我书写小楷在扇面上赠给亲朋好友，在亲戚朋友处都有保存。而我妻子苏氏所管理的柴米油盐琐碎细目，以及里里外外的收入支出，小宛无不把它们分门别类，亲手记录在册，毫无遗漏。她的细心专力，即便是我辈好学之人也难以企及。

小宛在苏州时曾学过画画，可惜半途而废。她能画小丛寒树，笔墨楚楚动人，有时在几案笔砚间自顾自地涂涂画画。因此对于古今绘画之事，小宛是有特别嗜好的。她对偶尔新得的长卷小轴，以及家中旧藏，时时展玩，爱不释手。后来，流离逃亡的时候，她宁愿丢弃梳妆的匣具，也要把书画藏品捆扎装载，随身带走。再后来，她又把书画的装饰之物都裁剪掉，只保存纸绢。可是它们终究还是未能逃脱遗散的厄运，我也只能感慨：这些书画命中注定有此劫难啊！而从此中可见小宛对书画的嗜好真是纯真之极啊！

小宛的酒量很好，来到我家以后，见我不胜酒力，酒量不过一杯浅浅的蕉叶杯，她便也不再多饮，只每天晚上陪夫人苏氏喝上几杯而已。而她对茶的喜爱则与我是一样的，又都喜欢喝界片。每年苏州半塘的顾子兼都会挑选最好的虎丘界片寄给我，茶叶的形状如片甲蝉翼，十分奇异。每次饮茶的时候，小宛将上好的泉水倒入小茶鼎中，用小而缓的火慢慢煎煮，香烟缭绕。至于吹火洗茶这样的事情，小宛也必是亲力亲为。

每次小宛噘着樱桃红唇吹火的时候，我便吟诵西晋左思《娇女诗》中“吹嘘对鼎枥”的句子，总会引得小宛忍俊不禁。至于我们吟对的“沸乳看蟹目鱼鳞，传瓷选月魂云魄”这样的诗句，更是道出了茶事之趣，尤为精准绝妙。我每每与小宛在花前月下，静坐对饮，细品新茶，绿色的茶叶下沉到杯底，香气浮上来，真如同木兰沾露，瑶草临波一般，清丽动人，沁人心脾，这兴致简直达到了唐代好茶者卢仝和陆羽的境界了！苏东坡有诗云：“分无玉碗捧蛾眉。”我一生所享的清福，在与小宛生活的九年里全部占尽，也在这九年里全部耗尽了啊！

卷　三

细品名香

小宛常常和我在香阁静坐，细品名香。各种宫香的香气淫逸，沉水香的香气又艳俗。一般人将沉香放在火上，烟气扑鼻，香味油腻而且须臾即灭。且不说香物的性情出不来，即便是藏怀入袖，也都带着焦腥之气。

有一种质地坚韧而有横纹的沉香，唤作“横隔沉”，是四种沉香中隔沉而纹理呈横条状的一种，它的香气特别美妙。还有一种水沉香结香尚未完毕，其形状如小的斗笠和大的菌类，名叫“蓬莱香”，我积蓄了很多。这种沉香，小宛每次用慢火隔着砂瓦熏，不使其冒烟，阁楼之中就会充满如同清风吹过伽楠香、露水打湿蔷薇花、加热打磨琥珀、美酒倒入犀角杯一般的香味，这种香味久久驻留在被褥绣枕之间，与美人的肌肤之香相融和，甜香艳丽异常，即便在睡梦之中也觉得酣畅舒适。

除此之外，我还有真正的西洋香料，是从内府里得来的，绝不是市面店铺的货色可以相比的。丙戌年（1646），我们客居海陵，我曾和小宛用这些西洋香料亲手制作了百枚香丸，那真的是闺阁中的极品。加热时也以不见烟者为佳，若不是小宛的细心和聪秀，我不可能领略到这种美妙。

黄熟香产自番地，以真腊产的为最上品。皮坚硬的叫黄熟桶，气味好闻而且通畅，黑色的叫夹栈黄熟。近来，广东南部东莞茶园村的当地人种黄熟，就如同江南一带的老百姓种植茶叶一般，是十分平常的事情。黄熟树矮枝繁，香气在根部。自从苏州技艺娴熟的人使用剔根切白的手法后，树香的松散腐朽之处尽被削去，而油腻的根梢和黑色的表皮就显露出来了。

我和小宛客居苏州半塘的时候，知道金平叔对香料之事最为擅长，于是花重金多次购买他的香料。块状的香料，干净润滑，长曲状的，或像树枝，或如虬根，都是依据树根的结处，顺着纹理缕刻出来的。如黄云般的颜色又兼以紫色的纹路，间或掺杂着鹧鸪斑，或者擦拭，或者赏玩，都十分有趣。

寒冷的夜里，于小室之中，玉色的帷幔四面垂下，又用带彩纹的细毛毯叠加在外面，点燃两尺多高的红烛两三根，参差不齐地摆放着，案几也错落有致地陈列着，大大小小的几个宣炉，一整晚燃着火，保持热度，那火光的颜色就如同流动的金子和玉色的粟米呈现的颜色一般。待炉子烧了一会儿，小宛小心细致地拨下炉中的新灰，大约一寸高的样子，在灰上隔上沙粒，再选香料放在上面蒸。过了大半夜，一块香料还是凝然未散，既没有焦味也没有熄灭，云烟弥漫，其油脂粘糯似饴糖状。热香之中似有半开梅花的馥郁，兼有鹅梨、蜜脾等香的气味，静静地渗入鼻孔。

记忆中，每年我与小宛共恋此味此境，一直到晓钟敲响，尚未就枕入睡。当时我还与小宛一起细细品味诗词中的闺怨，她斜倚熏笼，感叹诗词中女子拨尽寒炉仍不见夫君归来之苦，备感我俩相守的幸福。那时那景，我俩就如同身处蕊珠天宫、众香深处一般。而今，美人与香气俱已消散！怎么才能得到一粒还魂丹，让小宛与我再在这幽房闭室之中一起欢乐度日啊！

有一种生黄香，也是从树木的枯瘴朽痈之处，取其油脂凝结、嫩而未成的部分制成的。我曾经路过三吴和白下，四处收集到了一些，存在筐箱中，都是大块头的。而广东人自己携带来的，甚至还有尘封在泥土之中的大根株。这些原料我都留意寻觅，带回去和小宛朝夕清理，督促婢女用手剥落，有时候一斤多的材料仅能得到几钱香料，而手掌大小的只能削出一片而已。我们小心剥离，一一剔除，嵌空镂剔，再小的地方也不遗漏。这种香，且不说焚蒸，就是刚剥出时拿着闻，味道也是芳香如兰，用小盘组成的香盒装起来，分层放置，一层层色彩各异，香味有别，既可以赏玩，又可以品嗅。

过去我曾给广东的朋友黎美周展示过一两块，他惊讶不已，问这是何物，又问这东西怎么会如此精妙，即便是《宋书·范晔传》中的《和香方》恐怕也没有记载过。而东莞以女儿香为绝等上品，当地人挑选制作香料，皆用少女。做香的女子常常先将最佳的大块香料藏起来，暗地里到市面上交换胭脂油粉，有心人又从卖胭脂油粉的商贩处将香料买回来。我曾经从姓汪的友人那里得到几块这种女儿香，小宛最为珍爱。

梅菊兰芳

我家屋里和亭园里，凡是有空隙的地方，都种植了梅花，春季早晚出入，都身处烂漫的梅花之中。小宛在梅花含蕊未放的时候，就先观察梅枝的横斜姿态，看与几案上什么瓶子相配，有时候头一年就将梅枝修剪适宜，等梅花开到恰当之时再剪下来，供入瓶中。即便一年四季的花草竹叶，小宛无一不是用心经营，她特别善于领略自然的清雅之妙，使得冷韵幽香常常能在我家的曲房斗室中弥漫。至于秾艳肥红之类的花，则不是小宛所喜爱欣赏的。

秋天的时节，小宛尤其喜爱晚菊，即便是在她去年秋天生病的时候，也是如此。有客人赠给我几株“翦桃红”，花繁而厚，叶碧如染，浓条婀娜，枝枝皆俱云罩风斜之态。当时，小宛已生病三个月，躺在床上还硬撑着起身稍加梳洗打扮，她见到这株“翦桃红”很是喜爱，于是将它留在卧榻右侧。每天晚上点燃翠烛，又用白色底子的六扇折叠屏风，从三面将它围住，摆一张小椅子放在菊花中间，菊影倒映在白色的扇面上，参差横逸，姿态极其妙丽。这时候，她才进里面坐下，则人在菊中，而菊与人又都在影中。小宛回望屏上的人影、菊影，回头对我说：“菊之意态已经十分丰足了，可惜人比菊花瘦，奈何?”此刻回想当时的情景，真是淡秀如画啊！

小宛在闺阁中养有春兰、蕙兰和建兰，从春天到秋天，皆有楚地三湘、七泽的风韵。这些花草经小宛亲手浇灌栽培后，其芳香更是倍增。《艺兰十二月歌》，小宛都是用碧绿的书笺亲笔抄录，粘贴在墙壁上。去年冬天小宛生病后，屋里的兰花无人照料，已经枯萎过半了。楼下种有一株蜡梅，每年腊月，万花竞开，可以供人插戴三个月。去年冬天，小宛移居香俪园静养后，这株蜡梅的几百条枝竟然一个花骨朵儿也没有，只有凛冽的寒风贯入空空的枝干发出凄厉的声响，更显凄凉而已。

桂华露影

小宛最爱赏月，为尽情领略月色之美，她的倩影常常伴随着月亮的升沉而移动。夏天在花园里纳凉，小宛和幼儿吟诵唐代诗人的咏月诗和“轻罗小扇扑流萤”这样的诗句。用来半卧的小几榻，总是被她移动多次，在不同角度领略月色之美。半夜里，回到阁楼，她仍要推开窗户，将月光引到枕席之间，即便月亮将要消失，也还卷幔倚窗而望。

小宛对我说：“我书写南朝谢庄的《月赋》，见古人有‘厌晨欢，乐宵宴’之语，大概是因为夜晚安逸，月色宁静，碧海青天，霜缟冰净，比较白天的赤日红尘，如同绝尘之仙境，与凡世迥然有别。人们生活在这熙熙攘攘的世间，到了夜晚也不消停，或许有的人在月亮还没有升起的时候就已鼾然入睡了，从来无福消受这桂花露影之美。我与你经历悠长岁月，一年四季都爱品味月色，体会它的娟秀皎洁，领略它的幽香，仙路禅关，也就在这静谧之中打通了。”

李贺诗云：“月漉漉，波烟玉。”小宛每每读到此三字，便会回环反复地吟诵，觉得日月的精神气韵在这三字中都显现出来了。人以肉身进入月色笼罩的“波烟玉”世界之中，眼如横流之水波，气如湘江之烟雾，身体被月色照得如白玉，一时间，人如月，而月又似人，虽如同一物却还是两物。这时候，便感觉贾岛《玩月》中的“倚影为三”之语尚还有些累赘，至于诗中“淫耽”“无厌”“化蟾”之句，则可以说是领悟到玩月的真谛了。

膏红露碧

小宛生性淡泊，对于肥腻甘甜的食物没有一样是喜好的。每次吃饭她都用一小壶岕茶水泡饭，又佐以几根水菜、香豆豉数粒，便是一餐了。我的饮食虽然最少，但喜爱甜食和海产品，以及风熏的口味，又不爱自己独自食用，每次都喜欢与宾客一同品尝。小宛最懂我的心意，每次都竭尽所能准备各种味美鲜洁的食物，并用相配的盘和盂盛出，种类之多难以一一记述，我随手列举几件，就可睹其一斑了。

酿制饴露时，小宛加上食盐和酸梅调味，又采摘初放时有色有香的花蕊，将花汁渗融到香露之中。经过一年，香露的香味和颜色都不会改变，红艳如同刚刚采摘制作的一般。而花汁融入露液之中，入口时香味喷鼻，奇香异艳，在世间只怕是不能再寻觅得到了。其中最为鲜美的是秋海棠露，海棠原本是没有香气的，却独独因为露液的凝结而将香气散发出来。海棠的俗名又叫断肠草，人们都以为是不能食用的，而经由小宛制作出来，味道之美竟然独冠群花。其次，用梅花、野蔷薇、玫瑰、丹桂、甘菊之类制作的香露，也是非常好的。至于橙黄、橘红、佛手、香橼等，将白色的丝络去掉，分成细丝后再酿制，则颜色和味道都会更胜一筹。饮酒之后，用白瓷杯盛出几十种花露，各种颜色浮动于白瓷中，其醒酒消渴的功效，即便是金茎仙掌也难以与之争衡。

小宛又取来五月份的桃汁、西瓜汁，将果丝和瓜穰漉尽，用小火煎到七八分才放糖搅拌，细细炼制，桃膏看起来像大红琥珀，西瓜膏则可与金丝内糖相媲美。即便是每年酷暑时节，小宛也必会亲手取汁以保证原料的洁净，她坐在炉边静观火候，等着炼制成膏，不使其焦枯，煎制出浓淡有别的好几种，这些果膏更是颜色、味道各不相同。

厨下精膳

制作豆豉的时候，在挑选原材料方面，小宛会优先选择颜色和状态好的，味道则在其次。黄豆要经过九次暴晒九次洗涤，再一颗颗剥掉豆瓣的衣膜，又佐以瓜杏姜桂等各种细料，以及酿豉的汁水，极其精细洁净地调和在一起浸渍。等到豆豉熟了拿出来，粒粒可数，其香气扑鼻、颜色浓重、味道特别，与寻常之物迥然不同。

小宛还将红腐乳烘、蒸各五六次，使里面的肉酥透，然后剥掉表皮，加上各种调味料，几天后再拿出来食用，其味道全然胜过了建宁的三年陈腐乳。其他的，比如在冬季和春季用盐水腌制各种蔬菜，小宛能使黄色的菜梗像蜜蜡一样莹润，碧绿的菜叶如同青苔一般苍翠。香蒲、莲藕、竹笋、蕨菜，鲜花、野菜，枸杞、青蒿、芙蓉、菊花之类，她都采来加入食物中，使得芳香扑鼻的美味布满桌席。

用火熏制的腊肉放置的时间长了，就不会油腻且有松柏的味道；而用风吹制的干鱼放久了，如同熏的腊肉一般，有麂鹿的味道。小宛用酒泡制的蛤肉如同桃花一般鲜嫩，用酒泡制的鲟鱼骨头如同白玉一般晶莹剔透，油淋过的小螺味道像鲟鱼，做的虾松味道又像龙须。她烘制的兔肉、用油炸酥的野鸡肉如同饼馅，可以用面片卷着吃。菌肉干如同美味的鸡粽，豆腐汤像牛乳一般鲜美营养。小宛经常细细考究食谱，只要周边膳食精美之人的厨房中有一道奇异的菜品，她便立即前去访求制作方法。得到后，她又以自己的慧心巧智加以变化并做成美味，这些食物没有一样不奇异绝妙的。

秦溪蒙难

甲申年（1644）三月十九日国变，我在如皋，到四月十五日以后，才听闻此噩耗。如皋的官员十分懦弱，当时城中的强盗面露狰狞占据城内，四处叫嚣着要焚烧劫杀富户，城中又有兴平伯高杰的溃兵即将入城的警告。本地的乡绅大户，一时间都吓得作鸟兽散，扶老携幼往江南逃去。我家人都聚集在如皋，又在街坊邻里中有贤良的美名，几辈人都诚信谦让，没有凭借权势与人结下仇怨，因此父亲便打算闭门自守。

过了几天，附近的三十多户人家，就剩我家还有炊烟飘出了。母亲和妻子感到害怕，暂时躲避到城外，留下小宛服侍我。小宛关闭内室，整理衣物、书画、文券，将精致的和粗陋的各区分开，并亲手包封书写名目，以便识认，然后分散成若干份交付仆人和婢女保管携带。

当时，不法之徒公开抢劫掠夺，杀人如草，而左邻右舍人影稀疏，寥如晨星。看形势我家也再难独自面对了，我只得寻觅小船，侍奉双亲，携带家人，想冒险从南边渡江到江北。我们趁着夜色出发，连夜行船六十里，抵达泛湖洲的朱宅。此时，江面上已是盗贼蜂起，于是打算先从小路乔装送父亲从靖江出去。半夜里，父亲对我说："路途中需要用到碎银子，可是现在没法筹办啊。"我询问小宛有没有，小宛拿出一个布囊，银子已经被分割成从几分到几钱大小不等，每十两便有数百小块，又都在上面写上小字标明轻重，以备仓促之时随手取用。父亲见了，不禁惊讶感叹，说小宛怎么会有闲暇思虑得这般精细周详啊！

此时，各种费用比平日增加了十倍，船家尚且不肯出行。父亲出发后，又推迟一天，我用一百两银子雇了十条船携其他人出发，又花一百多两银子招募了两百人护卫船只前行。只航行了几里，就因为潮落水浅，船搁浅在航道里不能再往上游行驶了。遥望江口处，有强盗几百人，驾着六艘船成犄角状，守着隘口不让通过。幸好当时河水浅，他们不能驾船下行逼近我们的船。

朱宅派得力的人负浪踏水疾奔而来，告诉我们："后面的河岸已经被强盗截断归路，不可以往回走。"在护卫船只的两百人中，也有不少盗贼的同党，听到此消息，顿时十条船都喧闹骚动起来，引得仆人随从都呼天抢地号哭。我笑着指着江上众人说："我家三代一百余口都在船上，从我的先祖到我，祖孙父子六七十年来，不论是为官还是居住乡里，从来没有干过负心负人的事情，如果今天都死在这些强盗的手中，葬身鱼腹，那是天地无眼啊！你们看潮水忽然在早晨落下，让强盗的船与我们的船阻隔，这便是吉人自有天相。你们不要害怕，即使船上都是与我们为敌的强盗，也不能伤害到我们。"

前一天夜里收拾行李登船的时候，考虑到长江连着大海，老母亲和年幼的孩子，都没有经历过这样惊奇危险的事情，万一遇到逆风阻挡船只不能前行，想随路登岸，去哪里寻觅轿子呢？我便在三更的时候，将二十两银子付给一个姓沈的人，让他去雇两辆轿子和一辆车子，以及轿夫六人。沈某和众人都感到诧异而笑我："明天早上你们乘船，一路扬帆而行，不到中午就可以在对岸登陆了。又何必深更半夜多此一举，白白浪费银两呢？"我央求船夫去招募轿夫，众人见状，笑得几乎倒地。我却一定要在车轿和轿夫雇到后，才肯上船开行。

到这个时候，我虽表面上看起来神色自若，然而实在是进退维谷。面对此番景象，我只恨自己没有插翅而飞的本领，无法带领众人飞离险境，因此四下询问出江面不远的地方，是否有另外一个出口可以登岸通往泛湖洲。船夫说："横向半里，有一条小路，走上六七里，就可以通到泛湖洲了。"我赶快吩咐船夫划楫靠岸，原先雇来的车轿共三辆，刚好能坐下家中大小七口人。我的行李以及婢女仆人都只有弃置在船上了。不一会儿，我们便抵达朱宅，这时大家才开始感叹，我头天夜里一定要将车船都准备妥当实在是太明智了。

朱庄夜逃

强盗得知我们一家人半途逃走了，朱宅又联络了几百人，把我们弃置在船上的行李和仆人婢女护送回来，强盗虽然都散去了，却仍然不甘心。他们自恃在江面上横行，朝廷的律法管不到，而且天下大乱，正是无法无天的时候，竟然在光天化日之下聚集了几百人。他们派人威胁我："赶快拿出上千两银子给我们，否则我们将团团围住朱宅，四面放火。"我笑着答复："好一伙愚蠢的盗贼！你们在江中尚且不能拦截我，还想在平坦的陆地上，在几百户人家当中纵火来攻，怎么可能得逞呢！"

然而，泛湖洲的人名义上虽是护卫我，其实有不少人想图谋不轨。我把身上所有的钱财拿出来，召集全庄的人，要他们晚上杀牲摆酒，齐心协力在庄外守备，以防强盗意外来攻。几百人喝了酒，分了钱，却都作鸟兽散。我即刻在这天夜里，一手搀扶着老母亲，一手拽着妻子，两个孩子又还小，还有刚刚出生才半个月的幼弟和他的母亲，我托付给一个信得过的仆人帮扶着，一起从庄后深茂的竹林中蹒跚走出。

当时根本没有办法照顾到走在后面的小宛。我回头对她说："你要跑快一些，紧紧跟在我后面，慢了就跟不上了！"小宛一个人跟在后面跌跌撞撞地连滚带爬。走了一里多路，我们才找到昨天雇的车轿，连夜赶路到五鼓时分，才到达如皋城下。强盗和朱宅中的不轨之徒，还不知道我们已经逃到其他地方去了。人虽然得以脱困，而大半行李却已散失，小宛所珍爱的书画文物也都丢失殆尽了。

返回如皋家中后，小宛对我说："当遭遇大难的时候，你首先要照顾老母亲，其次要照顾妻子、儿子，以及幼小的弟弟是对的。我当时如果不堪颠簸停下来跟不上你，死在竹林深草之中，也是死而无憾。"端午节回到家后，我日夜穿着盔甲，连睡觉都不脱下，和城内忘恩负义的叛匪们周旋了有百余天，到了中秋节，才渡江去了南京。我与小宛分别了五个多月，到腊月才回来，举家随父亲赴督漕之任，离开了江南，接着在盐官客居。经历这次颠沛流离，我感叹小宛是这样的深明大义、通权达变，即便是读书破万卷的书生，又有谁能像她这样呢？

辗转求生

乙酉年（1645），我流离客居盐官，五月南京被攻陷，盐官也沦陷了。我的骨肉亲人不过只有八口，去年夏天在江面上遭遇的凶险，主要是因为带着仆人婢女人数众多，奔走慌乱，动辄就是上百人。又加上行李笨重，塞满了船只和车轿，故而不能轻身离去，况且还有匪徒在暗中图谋不轨。

这次我决计置生死于度外，关门闭户不管其他。奈何盐官城中，自相残杀，很是哄闹，双亲不能安居其中。不得已，我再次移到城外的大白居住。我只令小宛率领婢女们在家守着，不发一人一物出城，以免拖累主人。我即刻侍奉双亲，带着妻儿准备逃亡，也是孑然一身而往。可惜事与愿违，家仆们纷纷携带行李，违背命令，跟随出来。

清兵迫近嘉兴，剃发令刚刚颁布下来，人心更加惶惶不安。我的父亲先前去了惹山，内外都不知所措，我因此与小宛诀别："这次的溃散逃难与家园尚在时不同，彼时身边还有人照料，而今我孤身一人尚且难以自保，与其灾难降临的时候舍弃你，不如先找个妥当的地方安置你。我有个多年的朋友，讲信用重情义，又很有才情，把你托付给他，此后如果还能再相见，必当再结平生之欢。否则，听你自行裁断，不要以我为念。”

小宛说：“你说得很对。全家人都要倚仗夫君才能活命，你的性命并不属于自己。夫君堂上双亲，膝下小儿，比我重要百倍。若因为我而让夫君牵肠挂肚，不但没有好处，反而害处更多。我跟着夫君的朋友离去，如果可以保全性命，发誓一定会匍匐跪地等待夫君回来。倘若发生不测，我以前曾与夫君纵观大海，那万顷狂澜便是我的葬身之地。”我正要让小宛离去，而父母双亲认为我独独割舍下小宛是件遗憾的事情，于是又带着小宛一起出城逃亡。

此后百日，我们一家人都在密林深处、僻静小路、茅舍屋檐、渔家小船这些地方辗转求生。有时候一个月转移一次，有时候一天转移一个地方，有时候甚至一天转移多次，饥寒交迫，风雨飘零，所经受的苦难难以用语言一一描述。最后在马鞍山遭遇清兵，杀戮掠夺，惨绝人寰，所幸老天怜悯，我们找到一只小船，一家八口驾船快速离开，骨肉才得以保全，而小宛所遭受的惊吓和劳累，至此已达极点了！

卷　四

执手病榻

在海盐秦溪蒙难之后，我家里只有至亲八口人得以幸免，那时家中的仆人奴婢被杀死、掠走的有二十多人，我生平所积蓄的文物珍玩以及金银细软都被抢劫一空，所剩无几。等到战乱稍稍安定的时候，我悄悄潜入城中，找各位朋友帮忙，那时连盖的被褥也置办不齐。夜里我借宿在年伯方拱乾家里，他也是在外面避难刚刚回来，只找到一张毡毯，我与方家三公子一起裹着睡在厢房旁边的小房间里。那时正值深秋，寒风从破败的窗户四面刮进来。

第二天，我又到各家乞得些柴米，才得以迎接双亲和家人返回以前的寓所。我则因为夜感风寒，疟疾和泻痢交相发作。只得将一块白色的门板横着架好，离开地面一尺多高，作为睡觉的卧榻，盖了几条破棉被防寒，炉火里烧着桑树枝，聊以取暖，又缺医少药，不能攻邪和培补。而且当时清兵已到苏州，当地发生动乱，路途阻隔，家乡也被清兵攻陷，更是令我急火攻心。我从重阳节那天起就处于昏沉迷乱的状态，一直拖延到冬至前夕，那时近于僵死。一天夜里，我突然恢复了生机，才得以艰难地鼓起倾舟覆船的精神，带着一家老小从骨林肉莽中冒险渡江回到江北，却仍然不敢回到家乡，只得暂时栖居在海陵。

又经历了冬春两季共一百五十天，我的病才稍稍好一些。在这一百五十天里，小宛只卷着一张破席子，睡在我的病榻旁边，我感到寒冷的时候就抱着我，我觉得热的时候，她就帮我把被子打开，我觉得身上疼痛，她就给我按摩缓解。有时候让我枕在她身上睡觉，有时候用身体给我捂脚。有时候我晚上起来又睡下，或欠或伸，她都随我一同起卧，在我左右服侍。只要能让我的病躯感到舒适，她都不辞辛劳殷勤照料。

漫漫长夜，无形无声，我细微的动作，微弱的呻吟声，小宛却都看在眼中、听在耳里。汤药都是她亲手煎熬又亲口尝过后再递给我的，甚至连污秽的粪便，她也是目辨鼻闻，仔细分辨色味，因其优劣而喜忧。她每天只吃一餐粗糙的饭食，除了磕头祈祷上苍让我早日康复之外，就只跪守在我的跟前，温柔地安慰我，委婉地宽解我，以求让我稍解愁苦，破颜而笑。我生病的时候心性失常，时常暴躁发怒，辱骂埋怨之语，常常脱口而出，小宛却从来没有露出不悦之色，五个多月始终如一地侍奉我。

每每见到小宛面色蜡黄、骨瘦如柴，孱弱不堪的样子，我的母亲太恭人和妻子苏氏都对她既怜爱又感激，愿替她照顾我，让她休息一下。小宛却说："我愿竭尽心力以殉夫君。夫君如果好了，我即便是死了也如同活着一般；如果夫君遭遇什么不测，我就算留命存活在这兵荒马乱之世，又将去哪里安身呢？"

又忆起我病重的时候，夜不成寐，局势变幻莫测。当时盐官城中，每日杀人数十上百，半夜里鬼声啾啸，风吹到我的破窗前，如虫鸣般凄凉，如箭出弓弦般尖削凄厉。屋子里备受饥寒折磨的家人，都辛苦酣睡了，只有小宛与我心背相贴而坐，她紧紧握住我的手，伴我一起倾耳静听，那鬼号声凄激荒惨，令人唏嘘不已，泪流满面。

小宛对我说："我到夫君家整整四年了，每日早晚看到夫君的所作所为，慷慨侠义，毫发幾微，即便是有小恶的人也绝不与他为邻。凡是夫君受到的委屈，只有我知晓明了，我敬重夫君的精神，实在是更胜过爱惜夫君的身体——这是令鬼神赞叹且敬畏避让的身躯啊！冥冥上苍有知，一定会默默加以保佑的。但是人生在世遇到这样的境况，奇惨异险，什么都经历了，人又不是金石之身，很少有不消亡的。哪天有幸生还，应当与夫君视万物如敝屣一般，逍遥于物外。请夫君千万不要忘记我今天所说的这番话啊！"

啊呀！我在此生如何能报答得了小宛对我的这番情义呢！小宛绝非尘世凡俗女子啊！

病余增病

丁亥年（1647），我遭人诬陷，流言四起，众口铄金，当时的情景如同盘叠曲折的太行山道一样险峻复杂，到处发生人面兽心的事情。我忧思百结，胸中仿佛埋着五岳般沉沉欲坠，长长炎夏，心情极度郁结苦闷，唯有早晚焚烧纸钱向关圣帝君祷告。我又因为久抱奇疾，流血数斗，肠胃中好像积郁了数以千计的石块，身体忽冷忽热，迷迷糊糊，偶尔嘟嘟囔囔几千句，皆无头无尾。有时候昏睡几天，昼夜不醒。大夫乱投药来滋补我的身体，导致病情更加严重，有二十多天竟然用汤勺都无法喂水入口。这次大家都说我必死无疑，而我心里却像明镜似的，异常明了，大概是因为我的病并非从外而入，而完全是自己愁苦太多导致的。

当时正值盛夏酷暑，小宛不为自己挥汗，不为自己驱蚊，只是昼夜不歇地坐在药炉旁，在我的枕边足畔殷勤侍候了六十个日夜。无论是我示意的，还是我尚未表达清楚的，她都能意会并满足我。己丑年（1649）秋天，我又病倒了，背上发了疽疮，小宛又精心照顾我一百天。五年之中，我犯重病三次，而且每次遇上的都是致死的重疾。如果只有我一个人以不死之心对待这些疾病，没有小宛无微不至的照料，恐怕我未必能坚守不死的信念。

现在，小宛先我而死，而在与我永诀之时，她担心的是怕自己的死令我伤心，加重我的病情，又忧虑我的病躯没有她在一旁守护服侍！小宛的生与死，都是为了我，与我缠绵如此，我好心痛啊！好心痛啊！

冥冥天数

每年元旦，我必定都会到关圣帝君面前求一签，卜卦询问一年事宜的吉凶。壬午年（1642），我求取功名的心思很盛，祷告后看到签首第一字，得“忆”字，签上写的是：“忆昔兰房分半钗，如今忽把音信乖。痴心指望成连理，到底谁知事不谐。”我当时不解其意，即刻推算全词，也没有与功名相关的话。

等到在四月三十日遇到小宛，又金山一别之后，小宛闭门谢客，一心等我之时，她在虎疁关圣帝君前虔诚占卜，愿终生与我相伴，当时正抽得此签。秋天我经过秦淮河的时候，小宛将这件事告诉我，感叹恐怕是不好的征兆，我听了惊讶不已，说这签与我元旦时求到的签是一样的。占卜的时候，有朋友也在座，说：“我来为你们二人在西华门合求一签。”结果，仍是得到此签。小宛愈加疑虑恐惧，又忧虑我见了此签后，情义懈怠，不愿娶她，因此一直忧形于色，直到后来终于遂了心愿，她才得以解开心结。

“兰房”“半钗”“痴心”“连理”，都说的是闺阁之事，“到底”“不谐”，则正应验了现在我与小宛的境况啊！唉！我有生之年，都将是长相回忆的年月啊！签首的“忆”字，来得奇绝，竟是灵验若此！

小宛平时的衣物饰品，在患难流离之时都遗失殆尽，返回家中后，她淡泊满足，没有置办一件衣服一样饰品。戊子年（1648）七夕节，小宛看见天上的流霞，忽然兴起，想照那流霞的样子制作一对金钏，让我在其中一只上书刻“乞巧”二字，另一只不知道取什么名字才能够对上。小宛说：“我以前在黄山世家大族家里，曾见到一个覆着祥云的宣德炉真品，款式绝佳，就请你以‘覆祥’对‘乞巧’吧。”我如其所言，又在另一只上镌刻“覆祥”二字，这对金钏镌摹颇妙。

一年以后，这对金钏忽然从中间断裂，我们又重新做了一对，恰好也是在七月，我用“比翼”“连理”替换了原来的字。小宛临终时，从头到脚，没有一星金银珠宝，也无一丝绮罗绸缎，独独留下这对流霞金钏不离手，正因为是我当年所镌刻的这对字啊！昔日《长恨歌》有“七月七日长生殿，夜半无人私语时。在天愿作比翼鸟，在地愿为连理枝”之语，那是杨贵妃死后幻化成太真仙子，让方士洪都客传递给唐明皇的字句啊！我当时下笔是多么草率，竟令长生殿的悲剧重新谱写了一遍！

小宛的书法俊秀妩媚，学钟繇诸帖而字体稍瘦，后又学蔡邕《曹娥碑》。每次我点校文字，她必会在一旁笔砚以对，有时候静夜焚香，帮我细细抄录。闺阁中那些整理成册的诗文，都是小宛遗留下的字迹啊！

小宛也常有吟咏之作，只是大多都没有留存下来。去年新春二月，她在为我抄写全唐五、七言绝句上下两卷时，偶尔读到一篇七岁女子写的《送兄》诗，其中有“所嗟人异雁，不作一行归”之句，不禁凄然泪下。到了夜里，小宛为此诗和成八首绝句，皆是哀声怨响之词，不堪卒读。我挑灯细看，觉得过于哀伤，很不吉利，即刻夺取烧掉，便失去了这篇诗稿。我是多么哀伤啊！又是多么惊异啊！今年小宛恰好是在同一天离世的！

梦谶成真

去年春天三月，我们想重新返回盐官，去拜访当年那些患难相恤的朋友，到了扬州，被同社诸友所包围，便在此淹留。当时正好是我四十岁生辰，诸多名流都为我赋诗庆贺。龚奉常单独将我与小宛之事的始末，谱成数千言的诗句，取名《金阊行为辟疆赋》。诗中所述情韵，连骆宾王的《帝京篇》和元稹的《连昌宫词》都难以与之比肩。

奉常说："你如果不亲自注解此诗，我的一番苦心就无法被众人知晓啊！比如'桃花瘦尽春醒面'七字，是正合己卯年醉中初见和壬午年病中再见两番光景，不加注解，谁又能明白呢？"我当时深感其意，便应允了，却没有立刻下笔。其他的诗句，如园次的"自昔文人称孝子，果然名士悦倾城"，于皇的"大妇同行小妇尾"，孝威的"人在树间殊有意，妇来花下却能文"，心甫的"珊瑚架笔香印屧，著富名山金屋尊"，仙期的"锦瑟蛾眉随分老，芙蓉园上万花红"，仲谋的"君今四十能高举，羡尔鸿妻佐春杵"，我家乡徂徕先生的"韬藏经济一巢朴，游戏莺花两阁和"，元旦的"蛾眉问难佐书帏"，原本都是为我幸得小宛写的庆贺之词，现在看来，难道是对我的劝诫，劝我和小宛归隐吗？现在，大家读了我写的这篇杂述，便当知晓诸公所作诗词的精妙了。而去年春天没有完成的对奉常所写诗句的注释，拖延到今日，我也算是以血泪和着墨汁书写而成了。

三月末，我又移居到友沂的“友云轩”，当时久居他乡卧听雨声，思乡之情倍增。傍晚放晴之后，龚奉常邀于皇、园次过来宽慰我，留下来陪我饮酒，听小奴吹弹管弦唱曲。一时间，我思乡之情愈加急切，因此限韵让众人各作诗四首，不知何等缘故，众人所作的诗都有悲凉之音。

鼓过三声，众人散去。我刚睡下，就梦见回到家中，举室上下都看到了，唯独寻不见小宛。急忙询问妻子苏氏，她也不回答，又四处寻觅而不得，回头只见妻子背对着我偷偷落泪。我在梦中大声疾呼：“难道是死了吗？”大哭而醒。

小宛每年春天都会身体抱恙，这不祥之梦又是如此真切，我深生疑虑，急忙赶回如皋家中，见到小宛安然无恙。于是将梦境告诉她，小宛说：“甚是奇怪！那天夜里，我也做了梦，梦见有几个人强拉我，想将我掳去，我藏匿起来，才得以幸运逃脱，而那些人还在气势汹汹地大声嚷嚷，不肯罢休。”难道是知道我的梦会成真，这真切的梦和预示吉凶的诗句都是预先告知我的吗？

卷　一

嗟叹小宛

爱生于昵[1]，昵则无所不饰。缘饰着爱，天下鲜有真可爱者矣。矧[2]内屋深屏，贮[3]光阒彩，止凭雕心镂质之文人描摹想象，麻姑[4]幻谱，神女浪传。近好事家复假篆声诗[5]，侈谈奇合，遂使西施、夷光、文君、洪度，人人阁中有之，此亦闺秀之奇冤，而啖名[6]之恶习已。

亡妾董氏，原名白，字小宛，复字青莲。籍秦淮，徙吴门。在风尘虽有艳名，非其本色。倾盖矢从余，入吾门，智慧才识，种种始露。凡九年，上下内外大小，无忤无间[7]。其佐余著书肥遁[8]，佐余妇精女红，亲操井臼[9]，以及蒙难遘疾，莫不履险如夷，茹苦若饴，合为一人。

---

① 昵：亲近、亲昵。

② 矧（shěn）：何况、况且。

③ 贮：收藏、储存。

④ 麻姑：传说中的仙女，手指纤细犹如鸟爪。

⑤ 假：凭借、因托。篆：这里指精心撰写文章。

⑥ 啖名：好名。

⑦ 忤：抵触、违逆。间：嫌隙。

⑧ 肥遁：避世隐居。

⑨ 井臼：此处指操持家务。

今忽死，余不知姬死而余死也！但见余妇茕茕粥粥[①]，视左右手罔措也。上下内外大小之人，咸悲酸痛楚，以为不可复得也。传其慧心隐行，闻者叹者，莫不谓文人义士难与争俦也。

余业为《哀辞》数千言哭之，格于声韵，不尽悉，复约略纪其概。每冥痛沉思姬之一生，与偕姬九年光景，一齐涌心塞眼，虽有吞鸟梦花[②]之心手，莫能追述。区区泪笔，枯涩黯削，不能自传其爱，何有于饰？矧姬之事余，始终本末，不缘狎昵。

余年已四十，须眉如戟。十五年前，眉公先生谓余视锦半臂碧纱笼，一笑瞠[③]若，岂至今复效轻薄子漫谱情艳，以欺地下？傥[④]信余之深者，因余以知姬之果异，赐之鸿文丽藻，余得借手报姬，姬死无恨，余生无恨。

---

① 茕茕：孤零零的样子。粥粥（yù yù）：不知所措的样子。
② 吞鸟梦花：比喻文思泉涌，有杰出的写作才能。
③ 瞠：张目直视。
④ 傥：假如、或者。

曲栏初见

己卯[①]初夏，应试白门[②]，晤密之[③]，云："秦淮佳丽，近有双成[④]，年甚绮，才色为一时之冠。"余访之，则以厌薄纷华，挈家去金阊[⑤]矣。嗣下第，浪游吴门，屡访之半塘，时逗留洞庭不返[⑥]。名与姬颉颃[⑦]者，有沙九畹、杨漪炤。予日游两生间，独咫尺不见姬。

将归棹，重往冀一见。姬母秀且贤，劳余曰："君来数矣！予女幸在舍，薄醉未醒。"然稍停，复他出。从兔径[⑧]扶姬于曲栏，与余晤。面晕浅春，缬眼[⑨]流视，香姿玉

---

① 己卯：公元 1639 年。

② 白门：今南京的别称，又称白下。

③ 密之：方以智，字密之，复社著名人物，少年时代就和陈贞慧、侯方域、冒辟疆有"明季四公子"之称。

④ 双成：女仙名，神话中西王母的侍女，炼丹得道后驾鹤升仙，这里指董小宛。

⑤ 金阊：在苏州阊门内，此代指苏州。

⑥ 半塘：苏州阊门外至虎丘一带。洞庭：太湖有东、西两洞庭山。

⑦ 颉颃（xié háng）：鸟向上向下飞。引申为不相上下。

⑧ 兔径：小径。

⑨ 缬（xié）眼：醉眼昏花的样子。

色，神韵天然，懒慢不交一语。余惊爱之，惜其倦，遂别归。此良晤之始也，时姬年十六。

庚辰[1]夏，留滞影园，欲过访姬。客从吴门来，知姬去西子湖，兼往游黄山、白岳，遂不果行。辛巳[2]早春，余省觐去衡岳，由浙路往，过半塘讯姬，则仍滞黄山。

① 庚辰：崇祯十三年（1640）。
② 辛巳：崇祯十四年（1641）。

吴门陈圆圆

许忠节公[①]赴粤任，与余联舟行。偶一日，赴饮归，谓余曰："此中有陈姬某[②]，擅梨园之胜，不可不见。"余佐忠节公治舟，数往返，始得之。

其人淡而韵，盈盈冉冉，衣椒茧，时背顾湘裙[③]，真如孤鸾之在烟雾。是日演弋腔《红梅》以燕俗之剧[④]，咿呀啁哳之调，乃出之陈姬身口，如云出岫，如珠在盘，令人欲仙欲死。

漏下四鼓，风雨忽作，必欲驾小舟去，余牵衣订再晤，答云："光福[⑤]梅花如冷云万顷，子能越旦偕我游否？则有半月淹也。"余迫省觐[⑥]，告以不敢迟留故。复云：

---

① 许忠节公：许直，字若鲁，李自成起义军攻陷都城时，自缢而死。

② 陈姬某：指陈圆圆。

③ 湘裙：古时妇女穿的细裥裙，又称湘纹裙。裙幅较多，宽大曳地，有八幅、十二幅等。

④ 弋腔：即弋阳腔。《红梅》：明代传奇作品《红梅记》。

⑤ 光福：在现苏州市吴中区，位于苏州城西的太湖之滨。

⑥ 省觐：探望父母。

“南岳归棹，当迟子于虎疁丛桂间[①]。盖计其期，八月返也。”

余别去，恰以观涛日[②]奉母回。至西湖，因家君调已破之襄阳，心绪如焚。便讯陈姬，则已为窦霍[③]豪家掠去，闻之惨然。及抵阊门，水涩舟胶，去浒关十五里，皆充斥不可行。偶晤一友，语次有“佳人难再得”之叹。

友云：“子误矣！前以势劫去者，赝某也。某之匿处，去此甚迩，与子偕往。”至，果得见，又如芳兰之在幽谷也。相视而笑曰：“子至矣，子非雨夜舟中订芳约者耶？曩[④]感子殷勤，以凌遽[⑤]不获订再晤。今几入虎口，得脱，重晤子，真天幸也。我居甚僻，复长斋，茗碗炉香，留子倾倒[⑥]于明月桂影之下，且有所商。”余以老母在舟，缘江楚多梗，率健儿百余护行，皆住河干[⑦]，矍矍[⑧]欲返。

---

① 迟：等待。虎疁：即浒墅关。相传秦始皇南巡，见白虎蹲丘上，率部追赶二十余里，虎不见处，即名为虎疁。

② 观涛日：钱塘江每年涨潮，从宋代以来，有观潮的风俗，农历八月十一日开始，到十八日最盛。

③ 窦霍：汉代窦霍两家都为贵戚，这里指崇祯皇帝田贵妃的父亲田弘遇。也有说陈圆圆是被嘉定伯周奎掠去的。

④ 曩（nǎng）：以前、过去。

⑤ 凌遽：仓促。

⑥ 倾倒：畅谈。

⑦ 河干：河边。

⑧ 矍矍：急切的样子。

甫[①]黄昏而炮械震耳，击炮声如在余舟旁，亟星驰回，则中贵[②]争持河道，与我兵斗，解之始去。自此余不复登岸。

越旦，则姬淡妆至，求谒吾母太恭人[③]，见后仍坚订过其家。乃是晚，舟仍中梗，乘月一往。相见，卒然[④]曰："余此身脱樊笼，欲择人事之。终身可托者，无出君右。适见太恭人，如覆春云，如饮甘露，真得所天。子毋辞！"

余笑曰："天下无此易易事。且严亲在兵火，我归，当弃妻子以殉。两过子，皆路梗中无聊闲步耳。子言突至，余甚讶。即果尔，亦塞耳坚谢，无徒误子。"

复宛转云："君倘不终弃，誓待君堂上昼锦旋[⑤]。"余答曰："若尔，当与子约。"惊喜申嘱，语絮絮不悉记，即席作八绝句付之。

---

① 甫：刚刚。
② 中贵：指宦官。
③ 恭人：明清两代四品以上官员之母与妻可封为恭人。
④ 卒然：急遽的样子。
⑤ 昼锦旋：衣锦还乡。

双语成病

归历秋冬，奔驰万状，至壬午仲春，都门政府言路诸公[①]，恤劳人之劳，怜独子之苦，驰量移[②]之耗，先报余。时正在毗陵，闻音如石去心，因便吴门慰陈姬。盖残冬屡趣[③]余，皆未及答。

至，则十日前复为窦霍门下客以势逼去。先，吴门有昵之者，集千人哗劫之。势家复为大言挟诈，又不惜数千金为贿，地方恐贻伊戚[④]，劫出复纳入。余至，怅惘无极，然以急严亲患难，负一女子无憾也。是晚壹郁[⑤]，因与友觅舟去虎疁夜游。明日，遣人之襄阳，便解维[⑥]归里。

舟过一桥，见小楼立水边。偶询游人："此何处？何

---

① 都门：指京城。言路诸公：向朝廷进言的诸位官员。

② 量移：被贬谪荒远的臣子，遇赦时酌情移至近处安置，叫量移。此处指调换岗位。

③ 趣：催促。

④ 恐贻伊戚：担心遗留下隐患。

⑤ 壹郁：抑郁。

⑥ 解维：解开缆索，指开船。

人之居?”友以“双成馆”对。余三年积念，不禁狂喜，即停舟相访。友阻云：“彼前亦为势家所惊，危病十有八日，母死，鐍户[①]不见客。”

余强之上，叩门至再三，始启户，灯火阒如[②]。宛转登楼，则药饵满几榻。姬沉吟询何来，余告以昔年曲栏醉晤人。

姬忆，泪下曰：“曩君屡过余，虽仅一见，余母恒背称君奇秀，为余惜不共君盘桓。今三年矣，余母新死，见君忆母，言犹在耳。今从何处来?”便强起，揭帷帐审视余，且移灯留坐榻上。谭有顷，余怜姬病，愿辞去。牵留之曰：“我十有八日寝食俱废，沉沉若梦，惊魂不安。今一见君，便觉神怡气王[③]。”旋命其家具酒食，饮榻前。

姬辄进酒，屡别屡留，不使去。余告之曰：“明朝遣人去襄阳，告家君量移喜耗。若宿卿处，诘旦[④]不能报平安。俟发使行，宁少停半刻也。”姬曰：“子诚殊异，不敢留。”遂别。

① 鐍（jué）户：闭门。
② 阒（qù）如：寂静貌。此处指灯光昏暗。
③ 王：通“旺”。
④ 诘旦：清晨。

坚以身从

越旦，楚使行，余亟欲还，友人及仆从咸云："姬昨仅一倾盖，拳切不可负。"仍往言别，至则姬已妆成，凭楼凝睇，见余舟傍岸，便疾趋登舟。余具述即欲行，姬曰："我装已成，随路相送。"余却不得却，阻不忍阻。由浒关至梁溪、毗陵、阳羡、澄江，抵北固，越二十七日，凡二十七辞，姬惟坚以身从。

登金山，誓江流曰："妾此身如江水东下，断不复返吴门！"余变色拒绝，告以期迫科试，年来以大人滞危疆，家事委弃，老母定省俱违。今始归，经理一切。且姬吴门责逋[①]甚众，金陵落籍[②]，亦费商量。仍归吴门，俟季夏应试，相约同赴金陵。秋试毕，第与否，始暇及此。此时缠绵，两妨无益。姬仍踌躇不肯行。

时五木[③]在几，一友戏曰："卿果终如愿，当一掷得

---

① 责逋：索债者。
② 落籍：古代妓女属乐籍，除去名籍嫁人，称落籍，也称从良。
③ 五木：古代赌博用具。此处指色子。

巧。”姬肃拜于船窗，祝毕，一掷得全六。时同舟称异。余谓果属天成，仓卒不臧[1]，反偾[2]乃事，不如暂去，徐图之。不得已，始掩面痛哭，失声而别。余虽怜姬，然得轻身归，如释重负。

① 不臧：不善。
② 偾：败坏。

万难意阻

才抵海陵，旋就试。至六月抵家，荆人对余云："姬令其父先已过江来，云姬返吴门，茹素不出，惟翘首听金陵偕行之约。闻言心异，以十金遣其父去。"曰："我已怜其意而许之，但令静俟场事毕后，无不可耳。"余感荆人相成相许之雅，遂不践走使迎姬之约，竟赴金陵，俟场后报姬。

桂月三五之辰，余方出闱，姬猝到桃叶[①]寓馆。盖望余耗不至，孤身挈一妪，买舟[②]自吴门江行。遇盗，舟匿芦苇中，舵损不可行，炊烟遂断三日。初八抵三山门，又恐扰余首场文思，复迟二日始入。

姬见余虽甚喜，细述别后百日茹素杜门，与江行风波盗贼惊魂状，则声色俱凄，求归逾固。时魏塘、云间、闽、豫诸同社，无不高姬之识，悯姬之诚，咸为赋诗作画

① 桃叶：渡名。在秦淮河与青溪合流处，相传晋代王献之曾在这里接送其妾桃叶。

② 买舟：雇船。

以坚之。

场事既竣，余妄意必第，自谓此后当料理姬事，以报其志。讵[①]十七日忽传家君舟抵江干，盖不赴宝庆之调，自楚休致[②]矣。时已二载违养，冒兵火生还，喜出望外，遂不及为姬谋去留，竟从龙潭尾家君舟抵銮江。家君阅余文，谓余必第，复留之銮江候榜。

姬从桃叶寓馆仍发舟追余，燕子矶阻风，几复罹不测，重盘桓銮江舟中。七日，乃榜发，余中副车[③]。穷日夜力归里门，而姬痛哭相随，不肯返。且细悉姬吴门诸事，非一手足力所能了。责逋者见其远来，益多奢望，众口狺狺[④]。且严亲甫归，余复下第意阻，万难即诣。舟抵郭外朴巢，遂冷面铁心，与姬决别，仍令姬返吴门，以厌[⑤]责逋者之意，而后事可为也。

---

① 讵：不料、哪知。

② 休致：退休、请辞。

③ 副车：清代乡试考举人，在正取之外，再录取副榜若干名，考中副榜的，可以到国子监做贡生，叫副贡，又称副车。

④ 狺狺（yín）：犬吠声。

⑤ 厌：满足。

仙侣终成

阳月[①]，过润州，谒房师郑公。时闽中刘大行[②]自都门来，与陈大将军及同盟刘刺史饮舟中。适奴子自姬处来，云：姬归不脱去时衣，此时尚方空在体。谓余不速往图之，彼甘冻死。

刘大行指余曰："辟疆夙称风义，固如是负一女子耶？"余云："黄衫押衙[③]，非君平仙客所能自为[④]。"刺史举杯奋袂曰："若以千金恣我出入，即于今日往！"陈大将军立贷数百金，大行以参数斤佐之。讵谓刺史至吴门，不善调停，众哗决裂，逸去吴江。余复还里，不及讯。

---

① 阳月：农历十月。

② 刘大行：刘履丁，字渔仲，福建漳浦人。

③ 黄衫押衙：指黄衫客、古押衙。唐传奇《无双传》有侠客古押衙，帮助王仙客和刘无双结合。黄衫客是唐传奇《霍小玉传》中一位行侠仗义的人物。

④ 君平：严君平，汉代人，在成都集市上卜筮，每天得一百文钱，就放下帘子讲授《老子》。仙客：王仙客，唐传奇《无双传》中的人物。

姬孤身维谷，难以收拾。虞山宗伯[①]闻之，亲至半塘，纳姬舟中。上至荐绅，下及市井，纤悉大小，三日为之区画立尽，索券盈尺。楼船张宴，与姬饯于虎疁，旋买舟送至吾皋。

至月[②]之望，薄暮侍家君饮于拙存堂，忽传姬抵河干。接宗伯书，娓娓洒洒，始悉其状，且即驰书贵门生张祠部立为落籍吴门，后有细琐，则周仪部终之，而南中则李总宪旧为礼垣者与力焉[③]。越十月，愿始毕，然后往返葛藤，则万斛心血所灌注而成也。

壬午清和晦日[④]，姬送余至北固山下，坚欲从渡江归里。余辞之，益哀切，不肯行。舟泊江边，时西先生[⑤]毕今梁寄余夏西洋布一端，薄如蝉纱，洁比雪艳。以退红为里，为姬制轻衫，不减张丽华[⑥]桂宫霓裳也。

---

① 宗伯：钱谦益，常熟虞山人，字受之，号牧斋。官至礼部尚书，故称宗伯。与吴伟业、龚鼎孳合称“江左三大家”。

② 至月：冬至所在的月份，即农历十一月。

③ 南中：这里指南京。礼垣：礼部。

④ 清和：本指天气清明和煦，后以四月为清和月。晦日：农历每月的最后一天为晦日，此日无月。

⑤ 西先生：西洋人。

⑥ 张丽华：南朝陈后主的宠妃，容色端丽。后主为张丽华造桂宫于光昭殿后，谓之月宫。帝每入宴，呼丽华为张嫦娥。又博闻强记，百官奏事，后主常召其共商。隋兵入陈，张丽华和后主一同自投宫中景阳井，被隋军搜出，杀于青溪。

偕登金山，时四五龙舟冲波激荡而上，山中游人数千，尾余二人，指为神仙。绕山而行，凡我两人所止，则龙舟争赴，回环数匝不去。呼询之，则驾舟者皆余去秋浙回官舫长年[①]也，劳以鹅酒。

竟日返舟，舟中宣瓷大白盂，盛樱珠数斤，共啖之，不辨其为樱为唇也。江山人物之盛，映照一时，至今谈者侈美。

① 长年：此处指船工。

卷　二

山水逸情

秦淮中秋日，四方同社诸友感姬为余不辞盗贼风波之险，间关[1]相从，因置酒桃叶水阁。时在座为眉楼顾夫人、寒秀斋李夫人[2]，皆与姬为至戚，美其属余，咸来相庆。

是日新演《燕子笺》[3]，曲尽情艳。至霍、华离合处，姬泣下，顾、李亦泣下。一时才子佳人，楼台烟水，新声明月，俱足千古。至今思之，不啻游仙枕上梦幻也！

銮江汪汝为园亭极盛，而江上小园，尤收拾江山胜概。壬午鞠月之朔[4]，汝为曾延余及姬于江口梅花亭子上。长江白浪拥象，奔赴杯底，姬轰饮巨叵罗，觞政[5]明肃，一时在座诸姬皆颓唐溃逸。姬最温谨，是日豪情逸致，则

---

① 间关：道路崎岖难行。

② 顾夫人：顾媚，字眉生，又名眉，秦淮名妓，通文史，善画兰，家有眉楼，后嫁龚鼎孳。李夫人，李宛君，有侠妓之称。寒秀斋为其居所。

③ 《燕子笺》：阮大铖作，写霍都梁与名妓华行云、礼部尚书之女郦飞云，几经周折，由相恋而结合的故事。

④ 鞠：通“菊”。菊月即农历九月。朔：农历每月初一为朔日。

⑤ 觞政：宴筵中执行酒令。

余仅见。

乙酉，余奉母及家眷，流寓盐官[1]，春过半塘，则姬之旧寓固宛然在也。姬有妹晓生，同沙九畹登舟过访，见姬为余如意珠，而荆人贤淑，相视复如水乳，群美之，群妒之。同上虎丘，与余指点旧游，重理前事。吴门知姬者咸称其俊识，得所归云。

鸳鸯湖[2]上，烟雨楼高，逶迤而东，则竹亭园半在湖内；然环城四面，名园胜寺，夹浅渚层溪而潋滟者，皆湖也。游人一登烟雨楼，遂谓已尽其胜，不知浩瀚幽渺之致，正不在此。与姬曾为竟日游，又共追忆钱塘江下桐君严濑、碧浪苍岩之胜，[3] 姬更云："新安山水之逸，在人枕灶间，尤足乐也。"

---

① 盐官：浙江海盐县，是观潮胜地。

② 鸳鸯湖：即南湖，在浙江嘉兴。烟雨楼在湖中。

③ 桐君：即桐君山，在浙江桐庐。严濑：即严陵濑，在浙江桐庐南，后汉严子陵隐居于此，其垂钓处叫严陵濑。

澹情裙布

虞山宗伯送姬抵吾皋，时余侍家君饮于家园，仓卒不敢告严君，又侍饮至四鼓，不得散。荆人不待余归，先为洁治别室，帏帐、灯火、器具、饮食，无一不顷刻具。酒阑见姬，姬云："始至，正不知何故不见君，但见婢妇簇我登岸，心窃怀疑，且深恫骇。抵斯室，见无所不备。旁询之，始感叹主母之贤，而益快经岁之矢相从不误也。"

自此姬扃别室，却管弦，洗铅华，精学女红，恒月余不启户。耽寂享恬，谓骤出万顷火云，得憩清凉界，回视五载风尘，如梦如狱。居数月，于女红无所不妍巧，锦绣工鲜。刺巾裾，如虮无痕[①]，日可六幅。翦彩织字，缕金回文，各厌其技，针神针绝[②]，前无古人已。

姬在别室四月，荆人携之归。入门，吾母太恭人与荆

---

① 如虮无痕：比喻针线细密，不见缝合的痕迹。

② 针神：缝纫技艺高超的人。曹丕所宠幸的美人薛灵芸精于针工，在深帷重屋之内，不用灯烛，也能裁制，宫中称她为针神。针绝：刺绣技艺高超的人。孙权赵夫人能在方帛之上，绣九州五岳、河海、城邑、行阵之形，被誉为针绝。

人见而爱异之，加以殊眷。幼姑长姊尤珍重相亲，谓其德性举止，迥非常人。而姬之侍左右，服劳承旨，较婢妇有加无已。烹茗剥果，必手进，开眉解意，爬背喻痒[①]。

当大寒暑，折胶铄金[②]时，必拱立座隅，强之坐饮食，旋坐旋饮食，旋起执役，拱立如初。

余每课两儿文，不称意，加夏楚[③]，姬必督之改削成章，庄书以进，至夜不懈。越九年，与荆人无一言枘凿[④]。至于视众御下，慈让不遑，咸感其惠。

余出入应酬之费与荆人日用金错、泉布[⑤]，皆出姬手。姬不私铢两[⑥]，不爱积蓄，不制一宝粟钗钿。死能弥留，元旦次日，必欲求见老母，始瞑目。而一身之外，金珠红紫尽却之，不以殉，洵[⑦]称异人。

---

① 爬背喻痒：比喻正中下怀，称心如意。

② 折胶铄金：天寒可折胶，天热可将金石熔化。

③ 夏楚：此处指体罚。

④ 枘凿：榫头和卯眼。方形的榫头无法插入圆形的卯眼，比喻两者难以相处。

⑤ 金错、泉布：古代钱币的别称。

⑥ 铢两：古代很轻微的计重单位。

⑦ 洵：确实、诚然。

佐抄诗史

余数年来，欲裒集[①]四唐诗，购全集、类逸事、集众评，列人与年为次第，每集细加评选，广搜遗失，成一代大观。初、盛稍有次第，中、晚有名无集、有集不全，并名、集俱未见者甚夥。《品汇》，六百家大略耳，即《纪事本末》，千余家名姓事迹稍存，而诗不具，《全唐诗话》更觉寥寥。[②]

兰隅先生序《十二唐人》，称豫章[③]大家，藏中、晚未刻集七百余种。孟津王师[④]向余言：买灵宝许氏《全唐诗》数车满载，即曩流寓盐官胡孝辕职方批阅唐人诗[⑤]，剞劂[⑥]

---

① 裒（póu）集：聚集。此处指汇编。

② 《品汇》：即《唐诗品汇》，明高棅编选。《纪事本末》：即《唐诗纪事》，宋计有功撰。《全唐诗话》：旧题宋尤袤撰。

③ 豫章：今南昌。

④ 孟津王师：指王铎。王铎是河南孟津人，曾任礼部尚书，东阁大学士，后降清。善画山水、兰竹、梅花，也工行草书。

⑤ 胡孝辕：胡震亨，字孝辕，号遯叟。长于搜集诗文资料，家富藏书。职方：是唐代尚书省兵部所属职方司的主管官之一，胡因曾任兵部员外郎，故称职方。

⑥ 剞劂：刻镂用的曲刀、曲凿，后成为书籍雕版的泛称。

工费，需数千金。僻地无书可借，近复裹足牖下，不能出游购之。以此经营搜索，殊费心力。然每得一帙，必细加丹黄[①]。他书有涉此集者，皆录首简，付姬收贮。至编年论人，准之《唐书》。

姬终日佐余稽查抄写，细心商订，永日终夜，相对忘言。阅诗无所不解，而又出慧解以解之。尤好熟读《楚辞》、少陵、义山、王建、花蕊夫人、王珪三家宫词[②]。等身之书，周回座右，午夜衾枕间，犹拥数十家唐诗而卧。今秘阁尘封，余不忍启，将来此志，谁克与终？付之一叹而已！

犹忆前岁，余读《东汉》，至陈仲举、范、郭诸传[③]，为之抚几。姬一一求解其始末，发不平之色，而妙出持平之议，堪作一则史论。

---

① 丹黄：古时校勘书籍，评点文章，一般用朱笔书写，遇有错字，则用雄黄涂改。

② 王建：唐朝诗人，工乐府，所作宫词百首尤其著名。花蕊夫人：后蜀主孟昶之妃，仿效王建作有宫词百首。王珪：宋朝人，作有宫词一卷传于世。宫词：以宫廷生活为题材的诗作。

③ 陈仲举：陈蕃，字仲举，东汉人。郡举孝廉，累拜太尉。桓帝死，窦太后临朝，以蕃为太傅。蕃与大将军窦武共参政事，征用名士贤人，为人方严疾恶，高洁之士争归之。后与窦武谋诛宦官曹节，事泄被害。范：指范滂，东汉时人，字孟博。滂有志澄清天下，每至州境，贪污之守令都闻风离去。灵帝建宁二年（169）大捕党人，下诏急捕滂等，自到狱，死时年仅三十三岁。郭：指郭泰，东汉人，字林宗。曾游洛阳，与河南尹李膺相友善，名震京师。品题人物公允，所以宦官擅政，党锢祸起，独郭泰免于祸。

乙酉，客盐官，尝向诸友借书读之，凡有奇僻，命姬手抄。姬于事涉闺阁者，则另录一帙。归来与姬遍搜诸书，续成之，名曰《奁艳》。其书之瑰异精秘，凡古今女子，自顶至踵，以及服食器具、亭台歌舞、针神才藻，下及禽鱼鸟兽，即草木之无情者，稍涉有情，皆归香丽。今细字红笺，类分条析，俱在奁中。

客春，顾夫人远向姬借阅此书，与龚奉常[①]极赞其妙，促绣梓之。余即当忍痛为之校雠鸠工[②]，以终姬志。

---

① 龚奉常：即龚鼎孳，字孝升，号芝麓，顺治初降清，康熙间官至礼部尚书，洽闻博学，诗文并工。奉常为官名，即太常。

② 鸠工：聚集工匠。

泓颖独珍

姬初入吾家，见董文敏[①]为余书《月赋》，仿钟繇[②]笔意者，酷爱临摹，嗣遍觅钟太傅诸帖学之。阅《戎辂表》，称关帝君为贼将，遂废钟。学《曹娥碑》。日写数千字，不讹不落。

余凡有选摘，立抄成帙，或史或诗，或遗事妙句，皆以姬为绀珠[③]。又尝代余书小楷扇，存戚友处。而荆人米盐琐细，以及内外出入，无不各登手记，毫发无遗。其细心专力，即吾辈好学人鲜及也。

姬于吴门曾学画未成，能作小丛寒树，笔墨楚楚，时于几砚上辄自图写，故于古今绘事，别有殊好。偶得长卷

---

① 董文敏：即董其昌，明末著名书法家，谥文敏。

② 钟繇：三国时魏人。书法家，尤善正隶。曾官至太傅。《戎辂表》是钟繇所写名帖。

③ 绀珠：据王仁裕《开元天宝遗事》所记，唐开元中，张说为宰相，有人送他一珠，青红色有光，名记事珠。若有遗忘之事，以手持弄，便觉心神开悟，事无巨细，顿时明晓，一无所忘。这里用以比喻小宛记忆力强，过目不忘。

小轴，与笥中旧珍，时时展玩不置。流离时宁委奁具，而以书画捆载自随。末后尽裁装潢，独存纸绢，犹不得免焉，则书画之厄，而姬之嗜好真且至矣。

姬能饮，自入吾门，见余量不胜蕉叶[①]，遂罢饮，每晚侍荆人数杯而已。而嗜茶与余同性，又同嗜界片。每岁，半塘顾子兼择最精者缄寄，具有片甲蝉翼之异。文火细烟，小鼎长泉，必手自吹涤。

余每诵左思《娇女诗》“吹嘘对鼎钖”之句[②]，姬为解颐[③]。至“沸乳看蟹目鱼鳞，传瓷选月魂云魄”[④]，尤为精绝。每花前月下，静试对尝，碧沉香泛，真如木兰沾露，瑶草临波，备极卢、陆之致[⑤]。东坡云：“分无玉碗捧蛾眉[⑥]。”余一生清福，九年占尽，九年折尽矣！

---

① 蕉叶：浅的酒杯，因形如蕉叶而得名。

② 左思：西晋文学家，所写《娇女诗》描写两个小女孩在园中追逐奔跑，嬉笑玩耍，攀花摘果，娇憨可爱，天真烂漫。她们玩得渴了，急于饮水解渴，便用嘴对着炉灶吹火，以求将茶早点煮好。

③ 解颐：解颜欢笑。

④ “沸乳”“蟹目”“鱼鳞”都指的是煮茶时水沸的各种情状。月魂、云魄指的是邢窑白瓷。

⑤ 卢：指卢仝，唐代人，好饮茶，写有茶歌，多奇警之句。陆：指陆羽，唐朝人，嗜茶，著有《茶经》，被称为茶圣。

⑥ 分无：无缘。玉碗捧蛾眉：即“蛾眉捧玉碗”，取自苏轼《试院煎茶》诗。

卷　三

细品名香

姬每与余静坐香阁，细品名香。宫香诸品淫，沉水香俗。俗人以沉香著火上，烟扑油腻，顷刻而灭。无论香之性情未出，即著怀袖，皆带焦腥。

沉香坚致而纹横者，谓之“横隔沉”，即四种沉香内隔沉横纹者是也，其香特妙。又有沉水结而未成，如小笠大菌，名“蓬莱香”，余多蓄之。每慢火隔砂，使不见烟，则阁中皆如风过伽楠、露沃蔷薇、热磨琥珀、酒倾犀斝[①]之味。久蒸衾枕间，和以肌香，甜艳非常，梦魂俱适。

外此则有真西洋香方，得之内府，迥非肆料[②]。丙戌客海陵，曾与姬手制百丸，诚闺中异品，然爇[③]时亦以不见烟为佳，非姬细心秀致，不能领略到此。

黄熟出诸番，而真腊[④]为上。皮坚者为黄熟桶，气佳

① 犀斝（jiǎ）：用犀角制作的酒器。

② 肆料：店肆所卖的香料。

③ 爇（ruò）：点燃、焚烧。

④ 真腊：即今柬埔寨。

而通，黑者为夹㰖黄熟。近南粤东莞茶园村土人种黄熟，如江南之艺茶，树矮枝繁，其香在根。自吴门解人[①]剔根切白，而香之松朽尽削，油尖铁面尽出。

余与姬客半塘时，知金平叔最精于此，重价数购之。块者净润，长曲者如枝如虬，皆就其根之有结处随纹缕出。黄云紫绣，半杂鹧鸪斑，可拭可玩。

寒夜小室，玉帏四垂，毾㲪[②]重叠，烧二尺许绛蜡二三枝，陈设参差，台几错列，大小数宣炉，宿火常热，色如液金粟玉。细拨活灰一寸，灰上隔砂选香蒸之，历半夜，一香凝然，不焦不竭，郁勃氤氲[③]，纯是糖结[④]。热香间有梅英半舒，荷鹅梨、蜜脾之气，静参鼻观[⑤]。

忆年来共恋此味此境，恒打晓钟尚未著枕。与姬细想闺怨，有斜倚薰篮[⑥]，拨尽寒炉之苦。我两人如在蕊珠众香深处[⑦]。今人与香气俱散矣！安得返魂一粒，起于幽房

---

① 解人：指技艺娴熟的内行人。

② 毾㲪（tà dēng）：有花纹的细毛毯。

③ 郁勃氤氲：云烟弥漫的样子。

④ 糖结：一种结香的形态。糖结沉香的品质非常高。所结油脂部位粘糯，饱和度高，类似于蜂蜜状，故名糖结。

⑤ 鼻观：用鼻子闻。

⑥ 薰篮：熏笼。

⑦ 蕊珠：传说天界有蕊珠宫，为神仙所居。后来作为道观的别称。众香：《维摩诘经》有“有国名众香，佛号香积”之句。蕊珠众香代指佛国仙境。

扃室中也！

一种生黄香，亦从枯瘇朽痈中取其脂凝脉结、嫩而未成者。余尝过三吴、白下，遍收筐箱中，盖面大块，与粤客自携者，甚有大根株尘封如土，皆留意觅得。携归，与姬为晨夕清课，督婢子手自剥落，或斤许仅得数钱，盈掌者仅削一片，嵌空镂剔，纤悉不遗。无论焚蒸，即嗅之，味如芳兰。盛之小盘层撞[①]中，色珠香别，可弄可餐。

曩曾以一二示粤友黎美周，讶为何物，何从得如此精妙？即《范晔传》[②] 中恐未见耳。又东莞以女儿香为绝品，盖土人拣香，皆用少女。女子先藏最佳大块，暗易油粉，好事者复从油粉担中易出。余曾得数块于汪友处，姬最珍之。

---

① 小盘层撞：由几层小盘组成的一种香盒。“撞”为吴地方言，有“层”“格”的意思。

② 蔚宗：南朝范晔，字蔚宗，广涉经史，善为文章。整理各家的后汉史实著作，删繁补略，写成《后汉书》。《宋书》中有《范晔传》，其中收有《和香方》。

梅菊兰芳

余家及园亭，凡有隙地，皆值梅，春来早夜出入，皆烂漫香雪中。姬于含蕊时，先相枝之横斜，与几上军持[①]相受，或隔岁便芟翦得宜，至花放恰采入供。即四时草花竹叶，无不经营绝慧，领略殊清，使冷韵幽香，恒霏微于曲房斗室。至秾艳肥红，则非其所赏也。

秋来犹耽晚菊，即去秋病中，客贻我“翦桃红”，花繁而厚，叶碧如染，浓条婀娜，枝枝具云罨[②]风斜之态。姬扶病三月，犹半梳洗，见之甚爱，遂留榻右。每晚高烧翠蜡，以白团回六曲，围三面，设小座于花间，位置菊影，极其参横妙丽。始以身入，人在菊中，菊与人俱在影中。回视屏上，顾余曰：“菊之意态足矣！其如人瘦何?”至今思之，澹秀如画。

闺中蓄春兰、九节[③]及建兰。自春徂秋，皆有三湘、

---

① 军持：梵语，指僧人游方时随身携带的用以贮水的净瓶。

② 罨（yǎn）：作遮蔽用的东西，引申为笼罩。

③ 九节：蕙兰，亦称九节兰。

七泽之韵[1]，沐浴姬手，尤增芳香。《艺兰十二月歌》，皆以碧笺手录粘壁。去冬姬病，枯萎过半。楼下黄梅[2]一株，每腊万花，可供三月插戴。去冬姬移居香俪园静摄，数百枝不生一蕊，惟听五鬣涛声[3]，增其凄响而已。

---

① 三湘：古诗文中的三湘没有确指，一般泛指洞庭湖南北、湘江流域一带。七泽：古时楚地有七个湖泊。三湘、七泽，泛指楚地。

② 黄梅：蜡梅的别名。

③ 五鬣（liè）：即五鬣松，又名五须松、五粒松，因每簇五针而得名。五鬣涛声就是松涛声。此处指风吹过树枝发出的声响。

桂华露影

姬最爱月，每以身随升沉为去住。夏纳凉小苑，与幼儿诵唐人咏月及流萤纨扇诗[①]。半榻小几，恒屡移以领月之四面。午夜归阁，仍推窗延月于枕簟间，月去复卷幔倚窗而望。

语余曰："吾书谢希逸[②]《月赋》，古人'厌晨欢，乐宵宴'，盖夜之时逸月之气静，碧海青天，霜缟冰净，较赤日红尘，迥隔仙凡。人生攘攘，至夜不休，或有月未出已齁睡者，桂华露影，无福消受。与子长历四序，娟秀浣洁，领略幽香，仙路禅关，于此静得矣。"

李长吉诗云："月漉漉[③]，波烟玉。"姬每诵此三字，则反覆回环，日月之精神气韵光景，尽于斯矣。人以身入"波烟玉"世界之下，眼如横波，气如湘烟，体如白玉。

---

① 流萤纨扇诗：杜牧的《秋夕》有"银烛秋光冷画屏，轻罗小扇扑流萤"之句。

② 谢希逸：谢庄，字希逸，南朝人，善歌赋。

③ 月漉漉：见李贺《月漉漉篇》。漉漉，晶莹明亮的样子。

人如月矣，月复似人，是一是二。觉贾长江“倚影为三”之语尚赘，至“淫耽”“无厌”“化蟾”之句，则得玩月三昧矣。

膏红露碧

姬性澹泊，于肥甘一无嗜好，每饭，以岕茶一小壶温淘[①]，佐以水菜、香豉数茎粒，便足一餐。余饮食最少，而嗜香甜及海错、风薰之味[②]，又不甚自食，每喜与宾客共赏之。姬知余意，竭其美洁，出佐盘盂，种种不可悉记，随手数则，可睹一斑也。

酿饴为露，和以盐梅，凡有色香花蕊，皆于初放时采渍之。经年香味、颜色不变，红鲜如摘，而花汁融液露中，入口喷鼻，奇香异艳，非复恒有。最娇者为秋海棠露，海棠无香，此独露凝香发，又俗名断肠草，以为不食，而味美独冠诸花。次则梅英、野蔷薇、玫瑰、丹桂、甘菊之属。至橙黄、橘红、佛手、香橼，去白缕丝，色味更胜。酒后出数十种，五色浮动白瓷中，解酲[③]消渴，金茎仙掌，难与争衡也。

---

① 温淘：这里指用茶水泡饭。

② 海错：即海产品。风薰：指熏制食品。

③ 酲（chéng）：喝醉了神志不清。

取五月桃汁、西瓜汁，一穰一丝漉尽，以文火煎至七八分，始搅糖细炼，桃膏如大红琥珀，瓜膏可比金丝内糖。每酷暑，姬必手取其汁示洁，坐炉边静看火候成膏，不使焦枯，分浓淡为数种，此尤异色异味也。

厨下精膳

制豉，取色取气先于取味。豆黄九晒九洗为度，颗瓣皆剥去衣膜，种种细料，瓜杏姜桂，以及酿豉之汁，极精洁以和之。豉熟擎出，粒粒可数，而香气酣色殊味，迥与常别。

红乳腐烘、蒸各五六次，内肉既酥，然后削其肤，益之以味，数日而成者，绝胜建宁三年之蓄。他如冬春水盐诸菜，能使黄者如蜡，碧者如苔[①]。蒲藕笋蕨，鲜花野菜，枸蒿蓉菊之类，无不采入食品，芳旨盈席。

火肉久者无油，有松柏之味；风鱼久者如火肉，有麂鹿之味。醉蛤如桃花，醉鲟骨如白玉，油鲳如鲟鱼，虾松如龙须，烘兔酥雉如饼饵，可以笼而食之。菌脯如鸡粽，腐汤如牛乳。姬细考之食谱，四方郇厨[②]中一种偶异，即加访求，而又以慧巧变化为之，莫不异妙。

---

① 苔：青苔。

② 郇厨：唐代韦陟袭封郇国公，饮食奢靡，人进入其厨房，见饮食错杂相陈，多饱食而归。后世以郇厨称赞膳食精美的人家。

秦溪蒙难

甲申三月十九日之变,[1] 余邑清和望后，始闻的耗。邑之司命者甚懦，豺虎狰狞踞城内，声言焚劫，郡中又有兴平兵四溃之警。同里绅衿大户，一时鸟兽骇散，咸去江南。余家集贤里，世恂让[2]，家君以不出门自固。

阅数日，上下三十余家，仅我灶有炊烟耳。老母、荆人惧，暂避郭外，留姬侍余。姬扃内室，经纪衣物、书画、文券，各分精粗，散付诸仆婢，皆手书封识。

群横日劫，杀人如草，而邻右人影落落如晨星，势难独立，只得觅小舟，奉两亲，挈家累，欲冲险从南江渡澄江北。一黑夜六十里，抵泛湖洲朱宅。江上已盗贼蜂起，先从间道微服送家君从靖江行。夜半，家君向余曰："途行需碎金，无从办。"余向姬索之，姬出一布囊，自分许至钱许，每十两可数百小块，皆小书轻重于其上，

---

① 甲申年为崇祯十七年（1644），李自成入北京，崇祯在三月十九日缢死于煤山。

② 恂让：诚信、谦让。

以便仓卒随手取用。家君见之，讶且叹，谓姬何暇精细及此！

维时，诸费较平日溢十倍尚不肯行，又迟一日，以百金雇十舟，百余金募二百人护舟。甫行数里，潮落舟胶，不得上。遥望江口，大盗数百人，踞六舟为犄角，守隘以俟。幸潮落，不能下逼我舟。

朱宅遣有力人负浪踏水驰报曰："后岸盗截归路，不可返，护舟二百人中且多盗党。"时十舟哄动，仆从呼号垂涕。余笑指江上众人曰："余三世百口咸在舟，自先祖及余祖孙父子，六七十年来居官居里，从无负心负人之事，若今日尽死盗手，葬鱼腹，是上无苍苍，下无茫茫矣！潮忽早落，彼此舟停不相值，便是天相。尔辈无恐，即舟中敌国，不能为我害也。"

先夜收拾行李登舟时，思大江连海，老母幼子，从未履此奇险，万一阻石尤[①]，欲随路登岸，何从觅舆辆？三鼓时，以二十金付沈姓人，求雇二舆一车、夫六人。沈与众咸诧异笑之，谓："明早一帆，未午便登彼岸，何故黑夜多此难寻无益之费？"倩榜人[②]募舆夫，观者绝倒。余必欲此二者，登舟始行。

---

① 石尤：石尤风，即逆风、顶头风。
② 榜人：船夫。

至斯时虽神气自若，然进退维谷，无从飞脱，因询出江未远果有别口登岸通泛湖洲者。舟子曰：“横去半里，有小路六七里，竟通彼。”余急命鼓楫至岸，所募舆车三事，恰受俯仰七人。余行李婢妇，尽弃舟中。顷刻抵朱宅，众始叹余之夜半必欲水陆兼备之为奇中也。

朱庄夜逃

大盗知余中遁，又朱宅联络数百人为余护发行李人口。盗虽散去，而未厌其志，恃江上法网不到，且值无法之时，明集数百人，遣人谕余："以千金相致，否则竟围朱宅，四面举火。"余复笑答曰："盗愚甚！尔不能截我于中流，乃欲从平陆数百家中火攻之，安可得哉？"

然泛湖洲人，名虽相卫，亦多不轨。余倾囊召阖庄人付之，令其夜设牲酒，齐心于庄外备不虞。数百人饮酒分金，咸去他所。余即于是夜，一手扶老母，一手曳荆人，两儿又小，季甫生旬日，同其母付一信仆偕行，从庄后竹园深箐中蹒跚出。

维时更无能手援姬，余回顾姬曰："汝速蹴步，则尾余后，迟不及矣！"姬一人颠连趋蹶。仆行里许，始仍得昨所雇舆辆，星驰至五鼓，达城下。盗与朱宅之不轨者，未知余全家已去其地也。然身脱而行囊大半散矣，姬之珍爱尽失焉。

姬返舍谓余："当大难时，首急老母，次急荆人、儿子、幼弟为是。彼即颠连不及，死深箐中无憾也。"午节返吾庐，衽金革与城内枭獍为伍者十旬[①]，至中秋，始渡江入南都。别姬五阅月，残腊乃回，挈家随家君之督漕任，去江南，嗣寄居盐官。因叹姬明大义、达权变如此，读破万卷者有是哉？

① 衽金革：此处指日夜穿着盔甲。枭獍：此处指匪徒。

辗转求生

乙酉流寓盐官，五月复值崩陷[①]。余骨肉不过八口，去夏江上之累，缘仆妇杂沓奔赴，动至百口，又以笨重行李四塞舟车，故不能轻身去，且来窥瞷[②]。

此番决计置生死于度外，扃户不他之。乃[③]盐官城中，自相残杀，甚哄，两亲又不能安，复移郭外大白居。余独令姬率婢妇守寓，不发一人一物出城，以贻身累。即侍两亲、挈妻子流离，亦以孑身往。乃事不如意，家人行李纷沓违命而出。

大兵迫檇李[④]，剃发之令初下，人心益皇皇。家君复先去惹山，内外莫知所措，余因与姬决："此番溃散，不似家园尚有左右之者，而孤身累重，与其临难舍子，不若先为之地。我有年友，信义多才，以子托之，此后如复相

---

① 崩陷：指 1645 年五月，清兵攻陷南京，复下江浙。

② 窥瞷：暗中偷看，图谋不轨。

③ 乃：奈何。

④ 檇（zuì）李：在今浙江嘉兴西南。后为嘉兴别称。

见，当结平生欢，否则听子自裁，毋以我为念。”

姬曰：“君言善。举室皆倚君为命，复命不自君出，君堂上膝下，有百倍重于我者，乃以我牵君之臆，非徒无益，而又害之。我随君友去，苟可自全，誓间关匍匐以待君回。脱[①]有不测，前与君纵观大海，狂澜万顷是吾葬身处也！”方命之行，而两亲以余独割姬为憾，复携之去。

自此百日，皆展转深林僻路、茅屋渔艇。或月一徙，或日一徙，或一日数徙，饥寒风雨，苦不具述。卒于马鞍山遇大兵，杀掠奇惨，天幸得一小舟，八口飞渡，骨肉得全，而姬之惊悸瘁瘏[②]，至矣！尽矣！

---

① 脱：倘若。

② 瘁瘏（cuì tú）：此处指因疲劳致病。

卷　四

执手病榻

秦溪[1]蒙难之后，仅以俯仰八口免，维时仆婢杀掠者几二十口，生平所蓄玩物及衣贝，靡孑遗矣。乱稍定，匍匐入城，告急于诸友，即襆被[2]不办。夜假荫于方坦庵年伯[3]。方亦窜迹初回，仅得一毡，与三兄共裹卧耳房。时当残秋，窗风四射。

翌日，各乞斗米束薪于诸家，始暂迎二亲及家累返旧寓。余则感寒，痢疟沓作矣。横白板扉为榻，去地尺许，积数破絮为卫，炉煨桑节，药缺攻补。且乱阻吴门，又传闻家难剧起，自重九后溃乱沉迷，迄冬至前僵死。一夜复苏，始得间关破舟，从骨林肉莽中冒险渡江，犹不敢竟归家园，暂栖海陵。

阅冬春百五十日，病方稍痊。此百五十日，姬仅卷一

---

① 秦溪：在今浙江海盐县，源于秦山，向西流入海宁县清通港。

② 襆被：本是指以包袱裹束衣被，这里指被子、毡毯之类。

③ 假荫：借住。方坦庵：方拱乾，号坦庵，桐城人。方与冒辟疆父亲冒起宗为崇祯元年（1628）同榜进士，故冒辟疆称他年伯。

破席，横陈榻旁，寒则拥抱，热则披拂，痛则抚摩。或枕其身，或卫其足，或欠伸起伏，为之左右翼，凡病足之所适，皆以身就之。

鹿鹿永夜，无形无声，皆存视听。汤药手口交进，下至粪秽，皆接以目鼻，细察色味，以为忧喜。日食粗粝一餐，与吁天稽首外，惟跪立我前，温慰曲说，以求我之破颜。余病失常性，时发暴怒，诟谇①三至，色不少忤，越五月如一日。

每见姬星靥如蜡②，弱骨如柴，吾母太恭人及荆妻怜之感之，愿代假一息，姬曰："竭我心力，以殉夫子。夫子生而余死犹生也，脱夫子不测，余留此身于兵燹间，将安寄托？"

更忆病剧时，长夜不寐，莽风飘瓦③。盐官城中，日杀数十百人，夜半鬼声啾啸，来我破窗前，如蛩如箭。举室饥寒之人皆辛苦齁睡，余背贴姬心而坐，姬以手固握余手，倾耳静听，凄激荒惨，欷歔流涕。

姬谓余曰："我入君门整四岁，早夜见君所为，慷慨多风义，毫发幾微，不邻薄恶。凡君受过之处，惟余知

---

① 诟谇（suì）：辱骂、埋怨。

② 星靥如蜡：面色蜡黄。

③ 莽风飘瓦：此处指局势变幻莫测。

之、亮之，敬君之心，实逾于爱君之身——鬼神赞叹畏避之身也。冥漠有知，定加默佑。但人生身当此境，奇惨异险，动静备历，苟非金石，鲜不销亡！异日幸生还，当与君敝屣万有[①]，逍遥物外。慎毋忘此际此语！”

噫吁嘻！余何以报姬于此生哉！姬断断非人世凡女子也。

① 敝屣（xǐ）万有：视万物如废物。

病余增病

丁亥，谗口铄金[①]，太行千盘，横起人面。余胸坟五岳，长夏郁蟠[②]，惟早夜焚二纸告关帝君。久抱奇疾，血下数斗，肠胃中积如石之块以千计。骤寒骤热，片时数千语，皆首尾无端，或数昼夜不知醒。医者妄投以补，病益笃，勺水不入口者二十余日。此番莫不谓其必死，余心则炯炯然，盖余之病不从境入也。

姬当大火铄金时，不挥汗，不驱蚊，昼夜坐药炉傍，密伺余于枕边足畔六十昼夜，凡我意之所及与意之所未及，咸先后之。己丑秋，疽发于背，复如是百日。余五年危疾者三，而所逢者皆死疾，惟余以不死待之，微[③]姬力，恐未必能坚以不死也。

今姬先我死，而永诀时，惟虑以伊死增余病，又虑余病无伊以相待也。姬之生死为余缠绵如此，痛哉！痛哉！

---

① 谗口铄金：比喻舆论影响强大。顺治四年（1647），江南多事，明遗老多次因起兵而受祸，冒辟疆也遭受蜚语，险陷危境。

② 郁蟠：心情极端郁结苦闷。

③ 微：非。

冥冥天数

余每岁元旦，必以一岁事卜一签于关帝君前。壬午名心甚剧，祷看签首第一字，得“忆”字，盖“忆昔兰房分半钗，如今忽把音信乖。痴心指望成连理，到底谁知事不谐”。余时占玩不解，即占全词，亦非功名语。

比遇姬，清和晦日，金山别去，姬茹素归，虔卜于虎疁关帝君前，愿以终身事余，正得此签。秋过秦淮，述以相告，恐有不谐之叹，余闻而讶之，谓与元旦签合。时友人在坐，曰：“我当为尔二人合卜于西华门。”则仍此签也。姬愈疑惧，且虑余见此签中懈，忧形于面，乃后卒满其愿。

“兰房”“半钗”“痴心”“连理”，皆天然闺阁中语，“到底”“不谐”，则今日验矣。嗟呼！余有生之年，皆长相忆之年也。“忆”字之奇，呈验若此！

姬之衣饰，尽失于患难，归来澹足，不置一物。戊子七夕，看天上流霞，忽欲以黄跳脱[1]摹之，命余书“乞巧”

① 跳脱：也作条脱，手镯、腕钏之类的饰物。

二字，无以属对。姬云："曩于黄山巨室，见覆祥云真宣炉，款式佳绝，请以'覆祥'对'乞巧'。"镌摹颇妙。

越一岁，钏忽中断，复为之，恰七月也，余易书"比翼""连理"。姬临终时，自顶至踵，不用一金珠纨绮，独留跳脱不去手，以余勒书故。长生私语①，乃太真死后，凭洪都客述寄明皇者。当日何以率书，竟令《长恨》再谱也！

姬书法秀媚，学钟太傅稍瘦，后又学《曹娥》。余每有丹黄，必对泓颖②，或静夜焚香，细细手录。闺中诗文成帙，皆遗迹也。

小有吟咏，多不自存。客岁新春二月，即为余抄写全唐五、七言绝句上下二卷。是日，偶读七岁女子"所嗟人异雁，不作一行归"之句，为之凄然下泪。至夜和成八绝，哀声怨响，不堪卒读。余挑灯一见，大为不怿，即夺之焚去，遂失其稿。伤哉！异哉！今岁恰以是日长逝也。

---

① 长生私语：白居易《长恨歌》有"七月七日长生殿，夜半无人私语时。在天愿作比翼鸟，在地愿为连理枝"之句。

② 泓颖：韩愈《毛颖传》中，毛颖指笔，陶泓指砚。后来泓颖成了砚和笔的别称。

梦谶成真

客春三月，欲重去盐官。访患难相恤诸友。至邗[①]上，为同社所淹。时余正四十，诸名流咸为赋诗，龚奉常独谱姬始末成数千言，《帝京篇》《连昌宫》不足比拟。[②]

奉常云："子不自注，则余苦心不见。如'桃花瘦尽春醒面'七字，绾合己卯醉晤、壬午病晤两番光景，谁则知者？"余时应之，未即下笔。他如园次之"自昔文人称孝子，果然名士悦倾城"，于皇之"大妇同行小妇尾"，孝威之"人在树间殊有意，妇来花下却能文"，心甫之"珊瑚架笔香印屧，著富名山金屋尊[③]"，仙期之"锦瑟蛾眉随分老，芙蓉园上万花红"，仲谋之"君今四十能高举，羡尔鸿妻[④]佐春杵"，吾邑徂徕先生"韬藏经济一巢朴，游戏莺花两阁和"，元旦之"蛾眉问难佐书帏"，皆为余庆得姬，

---

① 邗：今江苏扬州。

② 数千言：龚鼎孳为董小宛写有长诗《金阊行为辟疆赋》共五十二韵，七百余字，这里说成数千言，是夸张的说法。《帝京篇》：唐代骆宾王所作。《连昌宫》：唐代元稹所作《连昌宫词》。

③ 名山：指有价值的著作。金屋：指娇妻，典出金屋藏娇故事。

④ 鸿妻：此处是将董小宛比作梁鸿的妻子孟光，赞誉她的贤惠。

讵谓我侑卮[1]之辞，乃姬誓墓之状耶？读余此杂述，当知诸公之诗之妙，而去春不注奉常诗，盖至迟之今日，当以血泪和隃麋[2]也。

三月之杪，余复移寓友沂“友云轩”。久客卧雨，怀家正剧。晚霁，龚奉常偕于皇、园次过慰留饮，听小奚[3]管弦度曲。时余归思更切，因限韵各作诗四首。不知何故，诗中咸有商音[4]。

三鼓别去，余甫着枕，便梦还家，举室皆见，独不见姬。急询荆人，不答。复遍觅之，但见荆人背余下泪。余梦中大呼曰：“岂死耶？”一恸而醒。

姬每春必抱病，余深疑虑。旋归，则姬固无恙。因间述此相告。姬曰：“甚异！前亦于是夜梦数人强余去，匿之幸脱，其人尚狺狺不休也。”讵知梦真而诗谶咸来先告哉？

---

① 侑卮：劝诫之器，注满水即覆，用以劝诫为人不能自满。
② 隃麋：指墨丸。隃麋在今陕西千阳县东，以产墨著名，所以成为墨的代称。
③ 小奚：年纪小的奴仆。
④ 商音：按阴阳五行之说，商音、秋天都属金，所以商音指的是凄厉、悲凉的声音。

附：秋灯琐忆

诗才琴语

道光癸卯年（1843）的秋天，秋芙嫁到我家。一天夜里，已过三更，奴婢们都入睡了。秋芙头挽堕马髻，身着红绡衣，在灯烛花影之中，和我一起欢笑畅谈。历数往年嬉戏之事，渐渐谈起诗词来，我竟口木舌僵，没法接她的话。因此想起去年有传闻说秋芙写了《初冬》诗，其中有“雪压层檐重，风欺半臂单”这样的佳句。开始我怀疑是歌女假托她的名字而作，至此方才相信是秋芙所为。

当时蚊帐里飞虫乱舞，我俩困倦不已却又睡不着。盆中的素馨花，香气弥漫开来，流袭到枕席之间。秋芙邀我和她联句，说是要考察我的才华。我也想试一试秋芙的诗才，便欣然应允。我赋首句：“翠被鸳鸯夜。”秋芙续道：“红云蠛蠓楼。花迎纱幔月。”我又续：“人觉枕函秋。”本来还想再续，而挂在屋檐上的月亮已昏暗西斜，邻里的钟声徐徐敲响，屋外的小丫鬟已悄声低语地来催促秋芙起床梳妆打扮了，我只好搁笔起身。

我好几天没有去巢园，回廊之间的阴僻处，竟渐渐生出青苔。我陡生感慨，于是赋绝句两首：“一觉红蕤梦，朝来记不真。昨宵风露重，忆否忍寒人？”“镜槛无人拂，房栊久不开。

欲言相忆处，户下有青苔。”那时，秋芙回娘家已有三十五天，她与兄弟们辩论畅谈游戏，兴致应该很高吧，是否会想起夜深之时尚有人徘徊在寒风冷露之中思念着她呢？

秋芙的琴艺，一半是我教授的。入秋以来，她因病而荒废辍学。病愈后，指法已生疏不少，我勉强为她温习，和她一起在“夕阳红半楼”上练琴。调弦调了很久，高音还是不准，再强力调之，弦就断了。秋芙换上新弦，突然空中烟雾弥漫，窗户纸好像都要熏成黑色了。下楼一看，才知道是小丫鬟照看不慎，火把帷幔烧着了。童仆急忙赶来扑打，才把火灭掉。这才知道突然断了的琴弦，原来是不久便会应验的凶兆。况且五是主火的数字，应在琴弦中断在第五徽上，难道是琴在告诉我什么吗？

秋芙在铜盆中将戎葵叶捣成汁，又掺杂云母粉，将纸刷染，使纸张呈现出银光闪闪的蔚绿色。就算是被世人看重的澄心堂纸，也比不过它。秋芙曾用这种纸为我抄录《西湖百咏》，可惜被郭季虎拿走了。季虎为我题的《秋林著书图》有“诗成不用苔笺写，笑索兰闺手细钞”的句子，就是说的这件事。秋芙一向不工书法，自从与魏滋伯、吴黟山两位老人结识后，便开始学习晋唐风格的书法。只可惜生病之后，眼力较差，不能经常执笔弄墨。然而，偶尔写上几个字，还是十分秀媚可人的。

雨游理安

夏夜里炎热难熬，秋芙便约我到理安寺游玩。刚一出门，雷声隆隆，突然狂风大作。仆人请求驾车转回，我游玩的兴致正高，便勉强驱车前往。还没到达南屏，密密的黑云就已从四面层层压下，山川昏暗一片。过了一会儿，只见一团白光像练帛一样从独秀峰顶闪出，划过天空，有一丈多那么长，大雨顷刻间如注而下。于是我们在大松树下停车避雨。雨停之后又继续前行，觉得竹林间清风飒爽，山中万翠欲滴，两座山峰如同残妆的美人一般，轻皱眉头，秀色可餐。我和秋芙边欣赏边赶路，不知不觉衣袖已经湿透了。

当时正好有一个姓查的僧人在理安寺主讲经文，留我们在寺庙里吃饭，他还拿出自己画的白莲图送给我们。秋芙便在画上题诗，写到“空到色香何有相，若离文字岂能禅”。我们喝茶聊天，十分融洽。后来，又从杨梅坞来到石屋洞，洞中乱石堆砌成拱形，如几案一般。秋芙把琴放置在石阶上，弹起《平沙落雁》，洞外暮云腾涌，涧水鸣唱之声与琴声相互应答，此时我们两两相对，几乎忘却了还身处凡尘俗世之间。不久，残余的暑热渐渐消散，昏暗的暮色从四面八方笼罩过来，车子往回只走了一里多路，月亮便已经挂上苏堤的杨柳梢头了。

那天，屋子漏雨，雨水一直流到了床前，窗户全打湿了。童仆们因为几层门都上了锁，而未能进去察看。等到我们回来，帷帐上已经满是水迹，好像有蝴蝶和蚊虫在上面一般，屋里也几乎成了水乡。叫小丫头用熏香的竹笼烘干，直到五更天，我们才得以睡下。

花命春短

秋芙喜欢画牡丹，但是下笔颇为拘谨慎重。后来跟着我的老友杨渚白学习，画的牡丹便活色生香，有南田的笔意。当时，志同道合的朋友当中，寓居在我家草堂以及经常来往的，有钱文涛、费子苕、严文樵、焦仲梅等人，和他们在一起品叶评花，整日不知疲倦。后来钱文涛走了，杨渚白死了，焦仲梅、严文樵等人也各自返回家乡。秋芙也为家中柴米油盐等琐事烦扰，弃置了笔墨，不再绘画。只有我还保存着一把团扇，上面有诸友合画的笔墨，精神意态还保留着当年的样子，我在闲暇时拿出来观赏，对故交的零落，生出无尽感慨。

桃花被风雨摧残，花瓣飘落到池塘中，秋芙拾起花瓣摆成字，作《谒金门》词一首："春过半，花命也如春短。一夜落红吹渐满，风狂春不管。""春"字还没有摆好，突然刮来一阵东风，把花瓣吹得飘散开来，满地都是，秋芙十分惆怅。我说："这真是'风狂春不管'了！"两人相视一笑而罢。

我曾饲养过一只绿鹦鹉，取名"翠娘"，呼叫它的名字，它就会答应。它所背诵的诗句，一直是侍婢秀娟教的。后来，秀娟出嫁了，翠娘经常不能按时饮食，于是日渐憔悴。一天，我起床后正在洗漱，听见帘外有轻言细语传来，恍惚间如同秀娟的声音口吻，感到吃惊，起身察看，原来是翠娘在呢喃。秀娟已经离开几个月了，翠娘如果知道，也会怀念教它背诗的人吧？

秋芙常常对我说：“人生在世不过百年，睡觉做梦占了一半，愁苦病痛占了一半，襁褓婴孩和垂垂老年的时间又占了一半，所剩下的时间就只有十一二年了。况且，我们这些体弱多病的人，还未必有一百年的寿命！庾兰成说：‘一个月之中欢乐的时光，能有四五六天。’想来也是自我宽解的话吧。”她说的这些话很有道理，人生确实是这样。

我一生中没有经历过百里以上的长途旅行。道光二十四年（1844），我要到曹娥江办事，秋芙正患寒疾，我准备更改动身的日期。但是行李已经整装待发，船夫催我了。夜晚渡过钱塘江的时候，狂风大作，江对面的越山，都低头蹙眉，对着我郁郁寡欢的样子。我由此想起了唐代诗人王勃在《滕王阁序》中所写的：“天高地迥，觉宇宙之无穷；兴尽悲来，识盈虚之有数。”只觉得自己渺茫在天地之间，不知这凡身肉骨应当安放在何处。当时，耀眼的银河挂在天上，残灯余火闪闪烁烁，我酒醒时已是五更天了。想唤人来给我添加衣服，却只见罗帐静垂，四处并没有人回应，睁眼一看，才想起我还睡在船舱里。

泛舟鼓琴

一天，秋月正佳，秋芙让小丫鬟背着琴，到明圣两湖荷花丛中泛舟。那天我从西溪回来，到家时，秋芙已经出门了。我租了瓜皮船追觅她的踪迹，在苏堤第二桥下与她相遇。

秋芙当时正在弹奏《汉宫秋怨》，我便给她披上衣裳，听她弹琴。这时候，四面山峦被烟雾笼罩，月亮和星星倒映在水中，琴声铮铮鸣响，分不清是天上的风声，还是环佩撞击的声音。琴声还没结束，我们的船头就已靠近漪园南岸，于是便去叩白云庵的门。白云庵的尼姑是我们的老相识，她让我们依次坐下，又采来水池中的新莲子，调制成羹让我们食用。莲子羹色香清冽，足以沁人肺腑，与世间的腥膻味道相比，何止是香草与臭草的差别。

船往回行，到段家桥登岸。登岸后，我铺了一张竹席在地上，和秋芙坐着闲聊了许久。听见城里凡尘俗世的喧嚣声，如同苍蝇嗡嗡叫，特别嘈杂，令人厌烦。桥上的石柱，是去年题诗的地方，近来被蜗牛剥蚀，字迹已经看不见了。我想重新书写上去，却苦于没有笔。这时星斗渐渐稀疏，湖面泛起了一层白气，听见城头的更鼓声，已经沉沉地敲了四遍，我们便携着琴撑船离去了。

香雪佛缘

余莲村到杭州游玩，送给我一瓮惠山泉水。刚好墨債和尚到浙江天目山布席讲经，也给我寄来上好的春茶。我用竹筒淘、炉火烹，喝在口中，不亚于如来佛祖用杨枝洒下的甘露，全身毛孔都感到润泽通畅，都不需要像卢仝那样喝到第七碗。莲村在我的草舍中住了十几天，我俩夜间剪烛论文，亲密无间，谈得十分投机。可惜欢快的交谈还没结束，他就为谋生而离去了。我和他如树与云一般相望，现在已有三年了！

我常回忆他对吴门诸子诗的评论，他极力称赞觉阿长老的见闻是第一。觉阿剃度前是一个很有名的秀才，刻苦钻研佛经十年，得到佛法正宗的精义和要诀。觉阿所居住的地方种有三百多株梅树，梅花盛开的时候，他双足交叠，在梅树下打坐，出定之后，有时便吟咏诗词。他有《咏怀诗》道："自从一见《楞严》后，不读人间糠粕书。"

过去简斋老人评论《华严经》说："文义如同一桶水，倒过来倒过去。"这不但是不理解《华严经》，简直是没有看过《华严经》的人说的话。将他的话与觉阿僧人的话相比较，何止是像刘备与许汜那样只相差一点啊！可惜我没能见到《咏怀诗》

的全诗，如同只读了半篇偈语一样，非常遗憾。听说莲村最近在江苏毗陵客居，等我有闲时应当写封信问他是否有这首诗的全篇。

我夜晚听着风吹雨打的声音，枕席之间渐渐有了凉意。秋芙刚刚卸下晚妆，我坐在书案旁，编写《百花图记》还不到一半，听见泛黄的叶子簌簌作响，被风吹落在窗下。秋芙对着镜子吟道："昨日胜今日，今年老去年。"我怅然地说："人生在世不过百年，怎能为他人感伤流泪呢！"于是立即搁笔。夜深了，秋芙想要喝水，瓦缸温温的，灶里已经没有炉火，想叫小丫鬟，她们都在屋子里蒙头大睡，被梦神召去很久了。

我把书案上的灯分了一盏放置在灶里，为秋芙温了一碗莲子汤让她喝。秋芙犯肺病已有十年，每到深秋就会咳嗽，必须要枕着高高的枕头才能熟睡。今年她的体力稍强一些，常捧着发髻与我相对而坐，一直待到深夜。这大概是睡眠饮食经过调理的功效吧？然而，现在还只是刚入秋数天，不知道八、九月又会怎么样。

我为秋芙制作了一件绣满梅花的衣裳，梅花布满全身，远远望去好像是绿萼仙子一样，翩翩于尘世之间。每当春末的时候，她穿着这件衣服，翠绿的袖子倚靠在栏杆上，鬓边插着的蝴蝶头饰还栩栩如生，似乎不知道春天不久将离去。

古人用扫地焚香比喻佛法，据称这样做便可以成佛，如果真是这样的话，那么在寺庙当值的师傅们，恐怕早已充盈极乐世界了。秋芙生性喜爱洁净，地上稍有微尘，一定会亲自打扫。我为她列举王栖云的一首偈子，说："日日扫地上，越扫越不净。若要地上净，撇却苕帚柄。"秋芙终究不能领悟。秋芙的雄辩之才比我强十倍，对这件事如此执拗，实在也是长期的习惯造成的。

文酒之乐

我在西湖畔住了十年，父母每月给我几十两银子，供我日用开销。我因为挥霍无度，常常沦落到匮乏的境地。夏天的葛衣、冬天的裘皮，总是一边典当一边赎回，破旧的箱子里一年到头总是空空如也。我曾经写诗给秋芙，说："一寒至此怜张禄，再拥无由惜谢耽。箧为频搜卿有意，裈犹可挂我何惭。"写的便是实情。

丁未年（1847）的冬天，伊少沂县令赴京接受考核要前往北方，我在家里给他饯行，应邀而来的有二十多人。宴饮间，李山樵弹琴，吴康甫书大字，吴乙杉、杨渚白、钱文涛分别在房子的四壁作画，余下的人或者随意取用某一韵作诗，或者清谈品茶。只有施庭午、田望南、家宾梅等十几人，蹲在地上划霸王拳赌酒，狂饮疾呼，喝了几十杯都不罢休。

这天晚上，清风习习，月色正好，我打算留大家喝一整宿。灯点上后，重洗杯盏，斟酒再饮，没喝上几巡，唤人上酒却没有上。我惊讶地询问秋芙，她说："瓶瓶罐罐里的酒都已经喝得干干净净啦！床头只剩下几十吊钱了，我将玉钏脱下去换酒，酒家不能辨别真假，又让人拿到当铺去典卖，因为当铺离市里很远，所以仆人现在还没有回来呢。”我为此吟咏元稹的诗句：“泥他沽酒拔金钗”，两人相对怅然。

这一天集得几十篇诗，喝掉了八九坛酒，几年来饮酒作文的乐趣，以这次为最盛。从那以后，友人们便浪迹天涯，如空中云朵和水中浮萍一般，时聚时散，我和秋芙也因为尘世间繁琐事务的羁绊，不能经常出门游山玩水了。

古刹记游

秋芙平时不擅长作词，记得她第一次作《菩萨蛮》有“莫道铁为肠，铁肠今也伤”的句子，意思很新颖，没有呆板淤滞的毛病。后来，我到山阴游玩，秋芙作《洞仙歌》寄给我，风格深沉稳重，没有一点瑕疵，我开始惊讶她进步之快。我回来后，向她索要最近所作的词来看，俨然可观，才知道“士别三日，当刮目相看”并非虚言，她已经不是以前那个稚嫩的“阿蒙”了。

过去瑶花仙史在巢园降乩时，说秋芙是昙阳仙子的后身，我观察她的辩才，似乎也是可信的。加上她持长斋二十年，《楞严经》《法华经》熟诵数千卷，心定而生慧，她连一个手势和半句偈语都能立刻领悟，何况区区文字间的意思呢？过去人说“书到今生读已迟”，我因秋芙而相信这句话。

从秦亭山往西走二十里，有个地方叫西溪，我家的槐眉庄园就在那里。沿着溪流再往西走，长满了芦苇，秋风吹起的时候，芦花像晴天里的雪花一样飞舞，落了满滩，水波弥漫开来，天地浑然一色。芦花荡的深处，修筑了几座佛寺，用来供佛，取名“云章阁”。云章阁离槐眉庄有一里多路，又隔着迂回曲折的溪流，没有小船是不能到达那里的。

当时有位有佛缘的僧人，住在华坞心斋，相传他戒律精严，能预知未来的事情。乙巳年（1845）的秋天，我带着秋芙前去拜访，向他请教静修的要义，他像个瞎子、聋子一样，鼻孔朝天，叫人忍不住想笑。当时残雪尚在，天空刚刚放晴，堂下绿梅盛开，秋芙如同尘梦初醒一般，露齿粲然而笑。

秋芙邀我去永兴寺游玩，于是我和她登上二雪堂，观看汪端夫人的方佩和书法篆刻。我们还坐在溪边，寻找炙背鱼、翦尾螺，这都是怀素和尚留下的名胜古迹。第二天又游历了交芦庵、秋雪庵等古刹，寺院的僧人用松萝茶款待我们，并要我们给《交芦雅集图卷》题字。坐船返回时，夕阳已经落山，晚钟敲响，仿佛在催促我们回去吃饭。秋风陡然起了寒意，溪面上波光粼粼，纹似绉纱。

秋芙当时穿着薄薄的棉衣，好像有些冷，我便脱下坎肩披在她身上。半夜到了庄里，狗叫唤着迎接我们，回头望着隔溪的渔火，和孟浩然在《登鹿门山》中描写的鹿门晚归的情景不相上下。秋芙硬要我为此写一首记游诗，于是我和她一起挑灯提笔作诗，不知不觉天色渐亮了。

绕床弄梅

秋芙有张抚罢古琴伫立在月下的小像，挂在卧室中，每天用沉香供着。一次，秋芙将要回娘家，开玩笑地对我说："夜晚寒窗寂寞，留着这幅画与你作伴，夫君应当用花瓣来酬谢它。不要将它放置在空空的房间里，令美人有秋凉扇捐的悲叹。"

一天早晨，我去秋芙的娘家探望她。窗户还没有打开，隐约听到"仓啷"一声，好像是鸾凤形的篦梳落到了地上，在重重帘幕之中，有个女子早晨起来刚刚梳妆打扮好。当时清晨的阳光刚照到房梁上，她的倩影映照在窗户上面，一盘盘有光泽的发髻，光亮得如同镜子一般可以照物。我因此想起元稹写的诗句"水晶帘底看梳头"，古人在那个时候，已经先于我享受这份眼福了。

关家和蒋家本是中表亲戚。我没和秋芙下聘前，她到我家来，与我一起嬉戏玩耍，两小无猜。丁亥年（1827）大年初一的晚上，秋芙来拜年，我在厅堂上见到她。她穿着一件葵绿色的衣服，我穿着一件银红色的绣袍，两个人肩并肩，额头并着额头，头钗和帽子靠在一起。当时张情齐老伯正住在巢园，对我的父母说："真是一对佳人啊！"父母于是有了给我俩缔结姻缘的想法。

后来过了几个月，巢园里牡丹盛开，父母叫来亲朋好友赏花，在牡丹花下置办酒席款待大家。秋芙也跟随她的父亲来到我家。酒宴散后，秋芙把筵席上的果脯收起来，藏在手帕中。我去夺，秋芙说："我要把这个带回家，不给你吃。"我顽皮地解开所系的巾帕，说："用这个捆住你，看你能回得去不？"秋芙被吓到，哭了起来，奶妈牵着她回去才平息下来。我们的父母看到这一幕笑了起来。于是请俞霞轩先生做媒人，在筵席上就为我们定下了亲事。此后的好几年，我俩隔绝不得相见。

父母因为与关家世代有姻亲，年关时仍然带我去拜年，所以关家的庭院，我虽然去得少，但并没有完全不去。记得壬辰（1832）新年，我去关家，进门看见穿着青色衣服的小丫鬟，簇拥着一位美丽的年轻女子上车离开。一会儿听到车帘后传出笑声，才知道刚才出来的女子正是秋芙。

又有一年，闈桥的科举考试临近，秋芙的父亲邀集志同道合的朋友一起作文章，意在考察女婿的能力。他在后堂置办了酒席，我坐在末座。听见湘帘的后面，有佩玉相互碰撞的声音，我想：不知道秋芙在不在里面？又有一年，我在街市上行走，忽然听见车子如雷鸣般发出轰隆隆的声音，车的帘幔快速卷起，里面有一位佳人，与我相互注视，看了好一会儿。最后的那辆车轿好像是秋芙母亲坐在里面。我想，刚才卷起车帘的那个女子就是她膝前娇女秋芙吧！又有一年，我中了秀才，父母命我拜见丈人。我在庭院中遇到秋芙，她戴着貂茸帽，站在蜜梅树下。忽然听见银带钩响了一声，她便像受惊的鸿雁一般消失得不见踪影。

我从下聘到迎娶秋芙入门，相隔共有十五个年头，这期间只匆匆见过她五次。等到婚礼筵席前，在烛灯下相见，我才知道她那有着一对酒窝的脸颊，已不像当年那样丰满了。现在距离我们结婚时又有十年了，我和秋芙都两鬓渐白，不知道几年后，我们又会变成什么样子？匆匆的前尘往事，回想起来，如梦如醉，如果问问秋芙，她还能记得一两件吗？

葛林借住

秋芙说："元稹《长庆集》中的诗，如同用尘土做成的饭食汤羹一般，吃的人尝不出味道来。唯有《悼亡》诗三首，字字似有泪痕，没有堕落到浮华艳丽的恶习之中。"我说："未必这中间没有像宋之问对待刘希夷那样夺取别人诗作的事情。不然的话，像元稹这样的轻薄小人，怎能作出这样刻骨铭心的诗句？"

我读《述异记》，其中记载"龙眠于渊，颔下之珠，为虞人所得，龙觉而死"，不胜叹息。秋芙在一旁说："这是龙的罪过啊。颔下有宝珠，就应该知道珍惜爱护。既然不能珍惜爱护而被人获得，就应该呼风唤雨，和虞人在江湖之中争斗一番，宝珠还可以夺回来。而龙却以身殉珠，龙倒是死了，而宝珠却落入虞人手中，永远没有归还的那一天了，难道龙算是真的喜爱宝珠吗？"我沉默不语好一会儿，才说："想不到秋芙也能讲出这番议论，真是让人惊奇！"

葛林园是过去招贤寺的遗址，有好几座临水的木屋，从那里可以俯瞰竹林山石。木屋的下面有个池塘，短短的独木桥横架在上面。池塘边有凌霄花一株，藤蔓蜿蜒而上，相传是在唐宋的时候栽种的，诗僧半颠和他的师父破林，在这里住了几十年。

己酉年（1849）初夏，积涝成灾，我所居住的草堂已经成为了一片沼泽。半颠写信召唤我去，于是我和秋芙便前去借住。当时，城里被淹，水深得可以行船，我所交往的朋友，也都杳无音信。那些日子，我每天与半颠谈禅论道，有时候也会饮酒作诗，悠然自在，仿佛不知道人世间有岁月流逝。

我听闻岳飞墓附近有卖素馅包子的，有一天让打着赤脚的婢女拿钱去买。看着我们吃饱了，秋芙就将剩下的包子分给池塘里的鱼吃。她起身倚靠着栏杆，不小心头上翠绿色的玉簪落入水中，激起好几圈水花，已不能寻觅到它的踪迹了，只剩下原本插在玉簪上的素馨花，漂浮在水波上面。

池塘的旁边是一位梁姓人家的守墓屋子，屋子的西面有扇门，长满了茂密的杂草。屋子里住着梁家好几个族人，每天从寺庙里出入。梁家有个不肖的弟弟，见识鄙陋不成材。我住在那里一个多月，他们兄弟争吵的声音，不绝于耳。一天，我在池塘边行走，听见敲门的声音。寺里的僧人刚刚用完斋饭解散了，我便去开门。有一个戴毡笠帽、穿粗布衣服的人，问梁某在不在，我便指给他看。这个人进到梁家的屋里，我也关闭了大门。半颠知道了，便去见梁家的兄长，问来的这个人说了什么，梁家兄长说："没有看见人来。"和他一起搜遍了整个屋子，也没找到人。只有东边的小楼上，房门紧锁很是坚固，于是破窗而入，看见梁家的弟弟已经吊死在床上了，才知道敲门的人原来是吊死鬼。

自此以后，这里鬼语啾啾，每天晚上都要叫唤到天亮，梁家的人因为害怕便搬走了。我和秋芙虽然自恃有《楞严经》护卫，然而阴气逼人，终究难以长久居住在那里。那时城里的积水已经退去，我们便马上搬回了草堂，后来听说半颠和尚也到南屏山游方去了。我已经有很多年没有去这座寺庙了，不知道近来那座小楼里，还有人居住没有？

辩才敏思

我晚上睡不着觉，和秋芙谈论古今的人才。说到韩擒虎，我说：“擒虎生前被封为上柱国，死后还当了阎罗王，也是很幸运了。”秋芙笑着说：“那陈后主的妃子张丽华等人的冤屈，就无处可诉啦，该怎么办呢？”

我的父母晚年多病，我和秋芙修筑了一个祭坛，诵《玉皇忏》七七四十九天，为他们祈祷忏悔。秋芙写了篇骈体文，文辞艳丽，语义深奥，可惜手稿没有保存下来，内容已经记不清了。当时正是秋天，瓶中供着的黄色菊花，颜色渐渐好看起来。深夜里钟磬敲响，在万籁俱寂之中声音显得格外清晰。暮霭沉烟笼罩着四周，恍惚间感觉上清宫就在眼前，使人忘却还身在人间。

秋芙所种的芭蕉，已经叶大成荫，树荫遮蔽仿佛帘幕一般。秋天里，秋雨被风吹着，打在芭蕉叶上，发出嘀嗒嘀嗒的声音，我躺在枕上听到，仿佛打在心上，心与之俱碎。一天，我在芭蕉叶上戏题了一句诗：“是谁多事种芭蕉，早也潇潇，晚也潇潇。”第二天，见到叶子上原来诗句的后面又续了几行字：“是君心绪太无聊，种了芭蕉，又怨芭蕉。”字迹柔媚，一看便知是秋芙的游戏之笔。然而我在这诗句中，却悟出了很深的道理。

夜忆仙子

一年春天夜晚扶乩，瑶花仙史降坛，笔尖在沙盘上写出一首《双红豆》：“风丝丝，雨丝丝，谁使花粘蛛网丝？春光留一丝。　烟丝丝，柳丝丝，侬与红蚕同有丝。蚕丝侬鬓丝。”又赋《贺新凉》一首赠与秋芙，写道：“久未城西过，料如今、夕阳楼畔，芭蕉新大。日日东风吹暮雨，闻道病愁无那。况几日、妆台梳裹，纸薄衫儿寒易中。算相宜、还是摊衾卧。切莫向，夜深坐。　西池已谢桃花朵，凭青鸾、天天来去，书儿无个。一卷《楞严》应读遍，能否情禅参破？问归计、甚时才可？双凤归来星月下，好细斟、元碧相称贺。须预报，玉楼我。”甲辰年（1844），瑶花仙史曾经在草堂降笔，指示金丹还返之道，所以在词中有“久未西城过”这样的话。

记得戊申年（1848）秋天，我寄给秋芙一首七言古诗，写道：“干萤冷贴屏风死，秋逼兰缸落花紫。满床风雨不成眠，有人剪烛中宵起。风雨秋凉玉簟知，镜台钗股最相思。伤心独忆闺中妇，应是残灯拥髻时。髻影飘萧同卧病，中间两接红鲂信。病热曾云甘蔗良，心忪或藉浮瓜镇。夜半传闻还织素，锦诗渐满回文数。可怜玉臂岂禁寒，连波只悔从前错。从前听雨芙蓉室，同衾忆汝初来日。才见何郎卺合双，便疑司马心非一。鸿庑牛衣感最深，春衣典后况无金。六年费汝金钗力，买得萧郎薄幸心。薄幸明知难自避，脱舆未免参人议。或有珠期浦口还，何曾剑忍微时弃。端赖鸳鸯壶内语，疏狂尚为鲰生恕。无端乞我卖薪钱，明朝便决归宁去。去日青荷初卷叶，罗衣曾记箱中叠。一年容易到秋风，渡江又阻归来楫。我似齐纨易弃捐，怀中冷暖仗人怜。名争蜗角难言胜，命比蚕緰岂久坚。莫为机丝曾有故，蛾眉何力能持护？门前但看合欢花，也须各有归根树。树犹如此我何堪，近信无由绮阁探。拥到兰衾应忆我，半窗残梦雨声参。雨声入夜生惆怅，两家红烛昏罗帐。一例悲欢各自听，楚魂来去芭蕉上。芭蕉叶大近窗楹，枕上秋天不肯明。明日谢家堂下过，入门预想绣鞋声。”这诗稿已经遗失十年了，一天我躺在枕头上突然想起，执笔重新写下来，恍惚还在梦中一般。

一天晚上，我听见纺织娘的叫声，觉得胸中有无限秋气。忽然想起宋玉抒写悲秋之情的《九辩》，便击打枕头大声朗读。秋芙在房间里换衣服，半天没有出来。听见我的叫唤声才出来，眉宇之间有郁郁寡欢的神情。我问她为什么，秋芙说：“‘悲莫悲兮生别离’，你何必让我听到这样的诗句呢？”我安慰她说：“人间的悲欢离合是没有定论的。我和你早就已经皈依佛祖，起誓不再有其他的志趣。将来死后到了九品莲台上，应当也不会再结下离恨之缘，你何苦又这样徒劳悲伤呢？从前煅金师因为一念起誓，与女子缔结了婚姻，后来两人便在一起历经了九十世劫难，何况我和你呢？”秋芙连声称是，然而脸上的粉黛，已经被眼泪打湿，全都花了。我也便不再读下去。

秋芙收藏有一根书尺，是吴黟山送的，长一尺多，宽两寸多。相传是乾隆壬子年（1792）间，泰山上的一株汉柏出火自焚，钱塘高迈庵拾得没有烧尽的柏木，做成书尺，并刻了一段铭文在上面。铭文说："汉朝已经过去，古柏却有神灵。坚实而多节，蕴含着千年的春意。在大火中没有被烧尽，却得以与书籍亲密相处。勤奋夜读啊，和古琴一样被主人珍惜。"

开窗望月，深秋的夜里一片寂静。因此想起去年的今夜，我和秋芙一起探望梅巢居主人，夜色朦胧，月亮斜斜地挂在夜空，远处水光浩渺，天上地下几千里，一片碧绿，无边无际。我与秋芙一道登上补梅亭，品茶夜谈，兴致很是闲逸。秋芙刚刚戴了朵梅花在鬓尾，突然被檐下弯曲的树枝挂去，我便摘了枝上的花给她插上。如今补梅亭倾斜坍塌，花草树木荒芜衰落，只有月亮有这份情意，还照耀在孤山野林之间啊。

娇俏闲情

秋芙喜欢下棋，却又不是很精通，每天晚上都要勉强我陪她下围棋，有时候直到天亮才罢休。我开玩笑举出朱彝尊的词说："簸钱斗草已都输，问持底、今宵偿我?"秋芙故意拿话掩饰说："夫君以为我不能取胜了吗？请让我用所佩戴的玉虎来作赌注。"下了几十个子，棋局渐渐呈现出秋芙将输的样子，她便故意纵使膝上的小狗搅乱棋局。我笑着说："你这是以杨玉环自比吗?"秋芙默然不语。然而，在银烛的灯光下，已看到她脸颊绯红。从此以后她竟不再下棋。

去年燕子飞来的时间比较迟，来到家里的时候，帘外的桃花已经凋零过半。深夜里燕子的泥巢忽然倾倒，里面的幼鸟坠落到了地上。秋芙怕幼鸟被小狗抓去，急忙将幼鸟拾起来，并且为它在屋梁上钉了竹片，用来承住泥巢。今年燕子又飞回来了，去年的那个旧巢还在，燕子绕着屋梁叽叽呢喃，大概还在想念去年保护小燕子的那个人吧！

同乡的沈湘涛夫人和秋芙十分要好，曾经把自己写的诗词拿来叫秋芙删校。其中有诗写道："却喜近来归佛后，清才渐觉不如前。"我因此想起以前见过朱莲卿的一首诗，中间有"却喜今年身稍健，相逢常得笑颜生”的句子，两个“喜”字用法不同，但意思都很沉痛。莲卿近来得了消渴症，已经两个月卧床不起，秋风萧瑟，不知道他冬天的衣物准备好了没有？

斜月照到窗户上，忽然化作无数个“人”字，我知道那是堂下竹笋脱壳后投下的影子。记得我们居住在槐眉庄的时候，在庄前种了一片竹子。竹笋刚刚从泥土里冒出来，秋芙让秀娟带上鸦嘴锄挖了几筐，和盐菜一起煮，味道甘美，绝对不比廷秀在《煮笋经》中所描述的滋味差。秀娟已出嫁好几年了，她就如同这竹笋一般，已是“林中绿衣人得锦绷儿”啊！如今只剩下我这个老人守在山谷中，鬓发容颜都不似从前了。如果这竹子有知的话，难道不会笑话我吗？

虎跑泉上有几株桂花树，伏卧在石头上，开花的时候黄色的花、白色的花布满石阶，游走其中，就如同在天香国中游历一般，花香扑鼻，令人愉悦。我素来有“花痴”的名号，和秋芙常常在桂花树下煮茶喝。秋芙折桂花插在鬓间，额上的头发被树枝挂乱，我蘸着泉水替她把乱发抹平。要回去的时候，我们又折了好几枝桂花，插在车的背后，带到城里，想让城里的人也知道初秋到来的消息。

近来听说寺里的僧人添种了好几株桂花树，等到它们开满如同金色粟米一样的花朵时，一定能为如来佛祖增色不少。秋天已经不远了，迟早会有开花的讯息，花神如果有灵，应该也会想念去年看花的人吧？

病中情缚

宾梅在我家草堂住宿，夜漏三更，听见邻居家失火，宾梅急忙领着仆人去救火。到门口时，火已经被扑灭了。只听见空中有人说道："今天如果不是有神力的人住在这里，这个地方几乎要被烧成焦土。"说完，两个道人和一个僧人从天而降。一个道人戴着莲花冠，身着绣有蟠龙、蝙蝠图案的袍子。另一个面容清秀，有长长的胡须，衣服和头冠都是金黄色的。僧人跟在道人的后面，显得憨厚质朴、不善言辞的样子。

莲花冠道人说："我名叫证若，居住在青城赤水之间，到这里来拜访蒋居士。"他和长须道人甩着拂尘唱歌，歌词长达几千字，没有时间一一记录下来，只记得末尾几句说："只回来巧递了云英的密信，那裴航痴了心，什么时候能醒过来？如果不早早回头，会连累我不得飞升成仙。醒啊！醒啊！醒啊！将来的阴晴圆缺难以相信。"歌唱完后就消失不见了。宾梅快步向前察看，窗外星月灿烂，屋内残灯幽暗，只听见几声叶子簌簌落下的响声。原来是一场大梦才醒过来啊。

第二天，宾梅把这件事告诉我，我说："我家断绝杀生有几十年，修炼道经也有六七年，到现在感觉有点得道，但还缺少返老还童的秘诀。难道是仙师垂怜我平凡愚钝，特地现身说法吗？歌词中提到‘云英’，难道是因为我耽于男女之情，不能从束缚中解脱出来，而用此歌来嘲讽警示我？”当时我和秋芙已经修陀罗尼忏好几个月了，他所提到的僧人，难道是观音菩萨的化身，寻着我们念经的声音从西方天竺国来的吗？

秋芙病了，在娘家住了六十多天。陪伴侍候的仆人们，多半已经疲惫不堪。能够昼夜不停照顾她的，只有我和她的妹妹侣琼。我有时候回自己家去，侣琼便代我照顾秋芙，每件事她都一定亲力亲为。因此在药炉、病床之间，我得以依赖侣琼卸去了一些负担。侣琼的这些作为，固然是姐妹之间情意笃实的缘故，然而在这样困苦的患难时刻，她还能够以苦为乐，不辞辛劳，连她自己也说不清为什么能做到这种程度。

秋芙一生有“情痴”之名，在病中更是为情所缚。我回到家，她必定会派人来唤我，等我来到她跟前，她却没有一句话说。侣琼问她为什么这样，秋芙说：“我的生命已像悬丝一般，自知难以为继了，害怕仓促之间不能和他诀别，他来了，我就可以放心撒手走了。”我听了她这番话，开始觉得心痛如绞。又想到秋芙吃斋念佛二十年，有往生极乐世界的誓愿，而看她此刻的念想，恐怕哪天撒手人寰之时，那种对人世间的眷恋，秋芙也不能免却吧。手中梧桐花，放下真是很不容易啊！

秋夜漫长，我和妻子的妹妹佩琪下围棋，下了三盘输了三盘。想起我平日里自负棋艺从不输人，佩琪还没有十五岁，这样小的年纪就有如此高超的棋艺，难道是上天授予的吗？佩琪生性静默，有娴雅飘逸的风度，写字作诗，无不精通，她自称前身是从上清宫来的。我看她神情冷寒，骨骼清奇，确实不像食人间烟火的人。如今不和她对棋已经有好多年了，她的布局筹算应该是比从前精进不少吧。哪天遇上她，我应当效仿楚国人那样重整兵马再决一战，期望能雪当年城下之耻。

一天夜里，我踏着月色回到家，秋芙刚好在灯下和几个姐妹掷骰子玩。席间有一个人掷得了六点，我便戏作《卜算子》词一首：“妆阁夜呼卢，钗影阑干背。六个骰儿六个窝，到底都成对。　借问阿谁赢，莫是青溪妹？赚得回头一顾无，试报说、金钗坠。”秋芙这才看到我，便笑着说：“写这样不正经的词句，不担心王方平仙人来鞭打你的背吗？”

近来我写了首小词，有一句是：“不是绣衾孤，新来梦也无。”又写了一首《买陂塘》，后半部分写道：“中门掩，更念荀郎忧困，玉瓯莲子亲近。无端别了秦楼去，食性何人猜准？闲抚鬓，看半载相思，又及三春尽。前期未稳。怕再到兰房，剪灯私语，做梦也无分。”当时宾梅正拿着一把团扇让我题字，我便开玩笑将这首词写在了上面。宾梅看了笑着说：“做梦为什么都没有缘分？”秋芙在一旁笑着说：“想来是近来连梦都没有吧，当然就没缘梦上了。”大家听罢都大笑起来。

持誓佛前

甲辰年（1844）的秋天，志同道合的朋友邀我到月湖游玩。夜深露重，我为风寒所侵。第二天又和朋友们在吴山的笙鹤楼聚会，醉酒后经受不住寒气。回到家发烧几乎要了性命，靠着扶乩指示的方药，才得以好转。

再隔一年是丙午年（1846），我背上发了毒疮，接着又得了疟疾。那时正好是秋试的时间，我忍着病痛坐上车，还没有到达考场，就已经神志不清了。仆人把我抬回来，整整过了一个月才恢复。己酉年（1849）的夏天，我又患了疮痢，俯卧在枕头上躺了三个月，那疼痛的程度比剥掉肌肤更甚。六年里，我三次遭受疾病磨难。在我生病的时候，秋芙每次都衣不解带，不辞辛劳地照顾我。她的身体本来就柔弱，怎么经得起如此劳累！所以我生了三次病，她也病了三次。

我生性疏懒，从己酉年父母病故居丧以来，心如死灰，不再有出仕的想法。只是记挂着双亲亡故还没有下葬，弟弟长大成人还没有婚娶，是我平生没有了却的事。然而，父母生前已经造好了墓地，只需要占卜选取吉日安葬就可以了。加上弟弟已满二十岁，又有靠近城郭的几顷良田，足够耕种养活自己。

几年后，我应当和秋芙在华坞河岸修建一座房子，晚上念经、早晨敲钟，虔诚忏悔，以除去那些慧业。等我们离世到达极乐世界的那天，应当一同见到阿弥陀佛，听他讲无生之法。即便再次轮回转生到人间，也愿世世永结夫妻。明天就是如来佛祖的涅槃日，我将在佛前发下誓言，以作见证。

诗才琴语

道光癸卯闰秋，秋芙来归。漏三下，臧获[①]皆寝。秋芙绾堕马髻[②]，衣红绡之衣，灯花影中，欢笑弥畅，历言小年嬉戏之事。渐及诗词，余苦木舌[③]挢不能下。因忆昔年有传闻其《初冬》诗云："雪压层檐重，风欺半臂单。"余初疑为阿翘[④]假托，至是始信。

于时桂帐虫飞，倦不成寐。盆中素馨，香气滃然，流袭枕簟[⑤]。秋芙请联句，以观余才，余亦欲试秋芙之诗，遂欣然诺之。余首赋云："翠被鸳鸯夜。"秋芙续云："红云蟙蠌[⑥]楼。花迎纱幔月。"余次续云："人觉枕函秋。"犹欲再续，而檐月暧斜，邻钟徐动，户外小鬟已喁喁[⑦]来促

---

① 臧获：古代对奴婢的贱称。

② 堕马髻：古代妇女梳的一种发髻。发髻偏梳松垂，像要坠落的样子。

③ 木舌：指不敢说话或不能说话。

④ 阿翘：指唐文宗时的宫女沈阿翘，她原是叛将吴元济的歌妓，曾为文宗奏《凉州曲》。这里以阿翘指代歌女。

⑤ 簟：竹席。

⑥ 蟙蠌（zhí mò）：蝙蝠。

⑦ 喁喁：形容低声细语。

晓妆矣，余乃阁笔而起。

数日不入巢园，阴廊之间，渐有苔色，因感赋二绝云：“一觉红蕤梦，朝来记不真。昨宵风露重，忆否忍寒人？”“镜槛无人拂，房栊久不开。欲言相忆处，户下有青苔。”时秋芙归宁三十五日矣。群季青绫[1]，兴应不浅，亦忆夜深有人尚徘徊风露下否？

秋芙之琴，半出余授。入秋以来，因病废辍。既起，指法渐疏，强为理习，乃与弹于“夕阳红半楼”上。调弦既久，高不成音，再调则当五徽而绝。秋芙索上新弦，忽烟雾迷空，窗纸欲黑。下楼视之，知雏鬟不戒，火延幔帷。童仆扑之始灭。乃知猝断之弦，其谶不远，况五，火数也，应徽而绝，琴其语我乎？

秋芙以金盆捣戎葵叶汁，杂于云母之粉，用纸拖染，其色蔚绿，虽澄心[2]之制，无以过之。曾为余录《西湖百咏》，惜为郭季虎携去。季虎为余题《秋林著书图》云：“诗成不用苔笺写，笑索兰闺手细钞。”即指此也。秋芙向不工书，自游魏滋伯、吴黟山两丈之门，始学为晋唐格。惜病后目力较差，不能常事笔墨。然间作数字，犹是秀媚可人。

---

① 群季：诸弟。青绫：这里是指秋芙与弟弟们谈论、游戏。

② 澄心：南唐烈祖李昪居澄心堂，后主李煜所造之纸因名澄心堂纸。质薄而光润，为世所重。

雨游理安

夏夜苦热，秋芙约游理安。甫出门，雷声殷殷，狂飙疾作。仆夫请回车，余以游兴方炽，强趣之行。未及南屏，而黑云四垂，山川瞑合。俄见白光如练，出独秀峰顶，经天丈余，雨下如注，乃止大松树下。雨霁更行，觉竹风骚骚，万翠浓滴，两山如残妆美人，蹙黛垂眉，秀色可餐。余与秋芙且观且行，不知衣袂之既湿也。

时月查开士[①]主讲理安寺席，留饭伊蒲[②]，并以所绘白莲画帧见贻。秋芙题诗其上，有“空到色香何有相，若离文字岂能禅”之句。茶话既洽，复由杨梅坞至石屋洞，洞中乱石排拱，几案俨然。秋芙安琴磐磴，鼓《平沙落雁》之操。归云滃然，涧水互答，此时相对，几忘我两人犹生尘世间也。俄而残暑渐收，暝烟四起，回车里许，已月上苏堤杨柳梢矣。

是日，屋漏床前，窗户皆湿，童仆以重门锁扃，未获

---

① 开士：菩萨的别称，后来用以敬称僧人。
② 伊蒲：梵语的音译，即寺庙。

入视。俟归，已蝶帐蚊幮[1]，半为泽国，呼小婢以篝笼[2]熨之，五鼓始睡。

① 蝶帐蚊幮：指帏帐上到处是水迹。
② 篝笼：可以熏火的竹笼。

花命春短

秋芙喜绘牡丹，而下笔颇自矜重。嗣从老友杨渚白游，活色生香，遂入南田[①]之室。时同人中寓余草堂及晨夕过从者，有钱文涛、费子茗、严文樵、焦仲梅诸人，品叶评花，弥日不倦。既而钱去杨死，焦、严诸人，各归故乡，秋芙亦以盐米事烦，弃置笔墨。惟余纨扇一枚，犹为诸人合画之笔，精神意态，不减当年，暇日观之，不胜宾朋零落之感。

桃花为风雨所摧，零落池上，秋芙拾花瓣砌字，作《谒金门》词云："春过半，花命也如春短。一夜落红吹渐满，风狂春不管。""春"字未成，而东风骤来，飘散满地，秋芙怅然。余曰："此真个'风狂春不管'矣！"相与一笑而罢。

余旧蓄一绿鹦鹉，字曰"翠娘"，呼之辄应。所诵诗句，向为侍儿秀绢所教。秀绢既嫁，翠娘饮啄常失时，日

① 南田：即恽寿平，号南田，工于诗画。花卉画中的"没骨体"派，为他所创。

渐憔悴。一日，余起盥沐，闻帘外作细语声，恍如秀娟声吻，惊起视之，则翠娘也。杨枝[1]去数月矣，翠娘有知，亦忆教诗人否？

秋芙每谓余云："人生百年，梦寐居半，愁病居半，襁褓垂老之日又居半，所仅存者，十一二耳，况我辈蒲柳之质，犹未必百年者乎！庾兰成[2]云：'一月欢娱，得四五六日。'想亦自解语耳。"斯言信然。

平生未作百里游。甲辰娥江之役，秋芙方病寒疾，欲更行期。而行装既发，黄头[3]促我矣。晚渡钱江，飓风大作，隔岸越山，皆低鬟敛眉，郁郁作相对状，因忆子安[4]《滕王阁序》云："天高地迥，觉宇宙之无穷；兴尽悲来，识盈虚之有数。"殊觉此身茫茫，不知当置何所！明河在天，残灯荧荧，酒醒已五更时矣。欲呼添衣，而罗帐垂垂，四无人应，开眼视之，始知此身犹卧舟中也。

---

① 杨枝：白居易《不能忘情吟序》："妓有樊素者，年二十余，绰绰有歌舞态。善唱《杨枝》，人多以曲名名之，由是名闻洛下。"这里指侍女秀娟。

② 庾兰成：庾信，南北朝文学家，字子山，小字兰成，善诗赋和骈文，文藻艳丽，与徐陵齐名，所作文章被称为"徐庾体"。

③ 黄头：即船夫。船夫常戴黄帽，因为古人认为黄色的土可胜水。

④ 子安：唐代诗人王勃，字子安。与杨炯、卢照邻、骆宾王并称"初唐四杰"。所作《滕王阁序》颇为有名。

泛舟鼓琴

秋月正佳，秋芙命雏鬟负琴，放舟两湖荷芰之间。时余自西溪归，及门，秋芙先出，因买瓜皮迹之，相遇于苏堤第二桥下。

秋芙方鼓琴作《汉宫秋怨》曲，余为披襟而听。斯时四山沉烟，星月在水，琤瑽杂鸣，不知天风声、环佩声也。琴声未终，船唇已移近漪园南岸矣。固叩白云庵门。庵尼故相识也，坐次，采池中新莲，制羹以进。香色清洌，足沁肠腑，其视世味腥膻，何止薰莸[①]之别。

回船至段家桥，登岸，施竹簟于地，坐话良久。闻城中尘嚣声，如蝇营营，殊聒人耳。桥上石柱，为去年题诗处，近为璸[②]衣剥蚀，无复字迹。欲重书之，苦无中书[③]。

---

① 薰：香草。莸：臭草。

② 璸：这里泛指蜗牛之类的生物。璸，疑为"蠙"字之误。

③ 中书：中书君，毛笔的别称。韩愈《毛颖传》以毛笔拟人，说其"累拜中书令，与上益狎，上尝呼为中书君"。

其时星斗渐稀，湖气横白，听城头更鼓，已沉沉第四通矣，遂携琴刺船[1]而去。

① 刺船：撑船。

香雪佛缘

余莲村来游武林[①]，以惠山泉一瓮见饷。适墨慎开士主讲天目山席，亦寄头纲茶[②]来。竹炉烹饮，不啻如来滴水[③]，遍润八万四千毛孔，初不待卢仝七碗[④]也。莲村止余草堂十有余日，翦烛论文，有逾胶漆。惜言欢未终，饥为驱去。树云相望，三年于兹矣！

常忆其论吴门诸子诗，极称觉阿开士为闻见第一。觉阿以名秀才剃落佛前，磨砖[⑤]十年，得正法眼藏[⑥]。所居种梅三百余本，香雪[⑦]满时，趺坐[⑧]其下，禅定既起，间事吟

---

① 武林：杭州旧称。

② 头纲茶：清明前制成的首批贡茶，也泛指春茶。

③ 如来滴水：传说如来佛祖以杨枝洒甘露，其细如尘，能使万物苏生。

④ 卢仝七碗：卢仝，唐朝人，以嗜茶著称。其《走笔谢孟谏议寄新茶》云："一碗喉吻润，两碗破孤闷。三碗搜枯肠，惟有文字五千卷。四碗发轻汗，平生不平事，尽向毛孔散。五碗肌骨清，六碗通仙灵。七碗吃不得也，唯觉两腋习习清风生。"

⑤ 磨砖：比喻刻苦钻研佛典，专心修习佛法。

⑥ 正法眼藏：禅宗称教外别传的心印为"正法眼藏"。后多指正宗嫡传的精义和要诀。

⑦ 香雪：指梅花。

⑧ 趺坐：双足交叠而坐。

咏。有《咏怀诗》云：“自从一见《楞严》后，不读人间糠粕书。”

昔简斋老人论《华严经》云：“文义如一桶水，倒来倒去。”不特不解《华严》，直是未见《华严》语。以视觉阿，何止上下床之别[①]耶！惜未见全诗，不胜半偈[②]之憾。闻莲村近客毗陵，暇日当修书问之。

夜来闻风雨声，枕簟渐有凉意。秋芙方卸晚妆，余坐案傍，制《百花图记》未半，闻黄叶数声，吹堕窗下。秋芙顾镜吟曰：“昨日胜今日，今年老去年。”余怃然云：“生年不满百，安能为他人拭涕！”辄为掷笔。夜深，秋芙思饮，瓦吊温暾，已无余火，欲呼小鬟，皆蒙头户间，为趾离[③]召去久矣。

余分案上灯置茶灶间，温莲子汤一瓯饮之。秋芙病肺十年，深秋咳嗽，必高枕始得熟睡。今年体力较强，拥髻相对，常至夜分，殆眠餐调摄之功欤？然入秋犹未数日，未知八九月间更复何如耳。

---

① 上下床之别：此处指两人诗句水平相差很大。

② 半偈：据佛经记载，释尊入雪山修菩萨行时，从罗刹闻前半偈，欢喜而更欲求后半偈。前半偈是“诸行无常，是生灭法”，后半偈是“生灭灭已，寂灭为乐”，这后半偈又叫“雪山半偈”。

③ 趾离：梦神的名字。

余为秋芙制梅花画衣，香雪满身，望之如绿萼仙人，翩然尘世。每当春暮，翠袖凭栏，鬓边蝴蝶，犹栩栩然不知东风之既去也。

扫地焚香，喻佛法耳，谓如此即可成佛，则值寺阇黎[1]，已充满极乐国矣。秋芙性爱洁，地有纤尘，必亲事箕帚。余为举王栖云偈云："日日扫地上，越扫越不净。若要地上净，撇却苕帚柄。"秋芙卒不能悟。秋芙辨才十倍于我，执于斯者，良亦积习使然。

① 阇黎：梵语，意谓佛徒之师。

文酒之乐

余居湖上十年，大人月给数十金，资余盐米。余以挥霍，每至匮乏，夏葛冬裘，递质递赎，敝箧中终岁常空空也。曾赋诗示秋芙云："一寒至此怜张禄，再拥无由惜谢耽。箧为频搜卿有意，裈犹可挂我何惭。"纪实也。

丁未冬，伊少沂大令课最[1]北行，余饯之草堂，来会者二十余人。酒次，李山樵鼓琴，吴康甫作擘窠书[2]，吴乙杉、杨渚白、钱文涛分画四壁，余或拈韵赋诗，清谈瀹茗。惟施庭午、田望南、家宾梅十余人，踞地赌霸王拳，狂饮疾呼，酒尽数十觥不止。

是夕，风月正佳，余留诸人为长夜饮。羊灯[3]既上，洗盏更酌，未及数巡，而呼酒不至。讶询秋芙，答云："瓶罍罄矣！床头惟余数十钱，余脱玉钏换酒，酒家不辨

---

① 大令：县官的尊称。课最：官员赴京接受考核。
② 擘窠书：大字的别称。
③ 羊灯：羊形的灯。此处泛指灯。

真赝，今付质库，去市远，故未至耳。”余为诵元九“泥他沽酒拔金钗”诗，相对怅然。

是集得诗数十篇，酒尽八九瓮，数年来文酒之乐，于斯为盛。自此而后，纵迹天涯，云萍聚散，余与秋芙亦以尘事相羁，不能屡为山泽游矣。

古刹记游

秋芙素不工词，忆初作《菩萨蛮》云："莫道铁为肠，铁肠今也伤。"造意尖新，无板滞之病。其后余游山阴，秋芙制《洞仙歌》见寄，气息深稳，绝无疵颣[①]，余始讶其进境之速。归后索览近作，居然可观，乃知三日之别，固非昔日阿蒙矣。

昔瑶花仙史降乩巢园，目秋芙为昙阳后身，观其辨才，似亦可信。加以长斋二十年，《楞严》《法华》熟诵数千卷，定而生慧，一指半偈，犹能言下了悟，况区区文字间乎！昔人谓"书到今生读已迟"，余于秋芙信之矣。

秦亭山西去二十里，地名西溪，余家槐眉庄在焉。缘溪而西，地多芦苇，秋风起时，晴雪满滩，水波弥漫，上下一色。芦花深处，置精蓝[②]数椽，以奉瞿昙[③]，曰"云章

---

① 疵颣（cī lèi）：毛病、缺点。

② 精蓝：佛寺、禅院。

③ 瞿昙：梵语音译，释迦牟尼的姓，亦作佛的代称。

阁”。阁去庄里余，复涧回溪，非苇杭[1]不能到也。

时有佛缘僧者，居华坞心斋，相传戒律精严，知未来之事。乙巳秋，余因携秋芙访之，叩以面壁宗旨，如瞶如聋，鼻孔撩天，曷胜失笑。时残雪方晴，堂下绿梅，如尘梦初醒，玉齿粲然。

秋芙约为永兴寺游，遂与登二雪堂，观汪夫人方佩书刻。还坐溪上，寻炙背鱼、翦尾螺，皆颠师胜迹。明日更游交芦、秋雪诸刹，寺僧以松萝茶进，并索题《交芦雅集图卷》。回船已夕阳在山，晚钟催饭矣。霜风乍寒，溪上澄波粼粼，作皱縠纹。

秋芙时着薄棉，有寒色，余脱半臂[2]拥之。夜半至庄，吠尨[3]迎门，回望隔溪渔火，不减鹿门晚归[4]时也。秋芙强余作记游诗，遂与挑灯命笔，不觉至曙。

---

① 苇杭：这里指小船。

② 半臂：短袖或无袖上衣。此处指坎肩。

③ 尨（máng）：多毛的狗。

④ 鹿门晚归：唐代孟浩然写有五言古诗《登鹿门山》，全篇从清晨写到日暮，景物随着时间的推移和游程的转换而变化，结句为“探讨意未穷，回艇夕阳晚”。这里是说当日之乐与孟浩然诗中所写不相上下。

绕床弄梅

秋芙有停琴伫月小影，悬之寝室，日以沉水[①]供之。将归，戏谓余曰："夜窗孤寂，留以伴君。君当酬以瓣香[②]，无扃置空房，令娥眉有秋风团扇[③]悲也。"

晓过妇家。窗栊犹闭，微闻仓琅一声，似鸾篦堕地，重帘之中，有人晓妆初就也。时初日在梁，影照窗户，盘盘腻云，光足鉴物。因忆微之[④]诗云："水晶帘底看梳头"，古人当日，已先我消受眼福。

关、蒋故中表亲。余未聘时，秋芙来余家，绕床弄梅，两无嫌猜。丁亥元夕，秋芙来贺岁，见于堂前。秋芙衣葵绿衣，余着银红绣袍，肩随额齐，钗帽相傍。张情齐丈方居巢园，谓大人曰："俨然佳儿佳妇。"大人遂有丝

---

① 沉水：即沉香。沉香入水则沉，故有此名。

② 瓣香：古人以拈香一瓣，表示对他人的尊敬。

③ 秋风团扇：秋凉则团扇捐弃不用，比喻妇女年老色衰而遭遗弃。

④ 微之：唐代诗人元稹字微之。

萝[1]之意。

后数月，巢园鼠姑[2]作花，大人招亲朋，置酒花下。秋芙随严君来。酒次，秋芙收筵上果脯，藏帊中。余夺之，秋芙曰："余将携归，不汝食也。"余戏解所系巾，曰："以此缚汝，看汝得归去否？"秋芙惊泣，乳妪携去始解。大人顾之而笑。固倩俞霞轩师为之蹇修[3]，筵上聘定。自后数年，绝不相见。

大人以关氏世有姻娅，岁时仍率余往趋谒，故关氏之庭，迹虽疏，未尝绝也。忆壬辰新岁，余往，入门见青衣小鬟，拥一粲姝上车而去。俄闻屏间笑声，乃知出者即为秋芙。

又一年，闈桥试近，妻父集同人会文，意在察婿。置酒后堂，余列末座。闻湘帘之中，环玉相触，未知有秋芙在否？又一年，余行市间，忽车雷声中，帘幰[4]疾卷，中有丽人，相注作熟视状。最后一车，似是妻母，意卷帘人即膝前娇女也。又一年，余举弟子员[5]，大人命余晋谒。

---

① 丝萝：即菟丝与女萝，两者都是蔓生植物，攀缠草木，很难分开，所以诗文中常用来比喻男女结成婚姻。

② 鼠姑：牡丹的别称。

③ 蹇修：媒人，此处指做媒。

④ 幰（xiǎn）：车前的帷幔。

⑤ 弟子员：明清两代称县学生员为弟子员，即秀才。

庭遇秋芙，戴貂茸，立蜜梅花下。俄闻银钩一声，无复鸿影。

余自聘及迎，相去凡十五年，五经邂逅，及却扇筵前[①]，翦灯相见，始知颊上双涡，非复旧时丰满矣。今去结褵又复十载，余与秋芙皆鬓有霜色，未知数年而后，更作何状？忽忽前尘，如梦如醉。质之秋芙，亦忆一二否？

---

① 却扇：古时行婚礼，新娘以扇遮面，交拜后去扇，叫却扇。却扇筵前，指举行婚礼之时。

葛林借住

秋芙谓元九《长庆集》诗，如土饭尘羹，食者不知有味。惟《悼亡》三诗，字字泪痕，不堕浮艳之习。余曰："未必不似宋考功于刘希夷事耳。[1] 不然，微之轻薄小人，安能为此刻骨语！"

余读《述异记》云："龙眠于渊，颔下之珠，为虞人[2]所得，龙觉而死"，不胜叹息。秋芙从旁语曰："此龙之罪也。颔下有珠，则宜知宝。既不能宝而为人得，则唏嘘云雨，与虞人相持江湖之间，珠可还也。而以身殉之，龙则逝矣，而使珠落人手，永无还日。龙岂爱珠者哉?"余默然良久，曰："不意秋芙亦能作议论，大奇！"

葛林园为招贤寺遗址，有水榭数楹，俯瞰竹石。榭下

---

① 宋考功：即宋之问，唐代诗人，官至考功员外郎。刘希夷：唐代诗人，诗多为闺情之作，柔婉华丽，情调凄凉伤感。刘所作《代白头吟》有"年年岁岁花相似，岁岁年年人不同"之句，相传宋之问欲占为己有，刘希夷不同意，宋竟派人用土囊将希夷压死。

② 虞人：古时掌管山泽的官员。

有池，短彴[1]横架其上。池偏凌霄花一本，藤蔓蜿蜒，相传为唐宋时物。诗僧半颠及其师破林，驻锡[2]于此数十年矣。

己酉初夏，积潦成灾，余所居草堂，已为泽国。半颠以书相招，遂与秋芙往借居焉。是时，城市可以行舟，所交宾朋，无不中隔。日与半颠谈禅，间以觞咏，悠悠忽忽，不知人间有岁月矣。

闻岳坟卖馂馅馒首，日使赤脚婢数钱买之。啖食既饱，分饲池鱼。秋芙起拊栏楯[3]，误堕翠簪，水花数圈，杳不能迹，惟簪上所插素馨，漂浮波上而已。

池偏为梁氏墓庐，庐西有门，久鞠茂草。庐居梁氏族子数人，出入每由寺中。梁有劣弟，贫乏不材。余居月余，阋墙[4]之声，未歇于耳。一日，余行池上，闻剥啄声。寺僧方散年斋，余为启扉。有毡笠布衣者，问梁某在否，余为指示。其人入梁氏庐，余亦闭门。半颠知之，因见梁，问来者云何？梁曰："无之。"相与遍索室中，不得。惟东偏小楼，扃闭甚固，破窗而入，其弟已缢死床上矣，乃知叩门者缢死鬼耳！

---

① 彴（zhuó）：独木桥。

② 驻锡：僧人出行，会携带锡杖，所以称僧人入住某地为驻锡。

③ 栏楯：即栏杆。纵为栏，横为楯。

④ 阋（xì）墙：此处指争吵。

自后鬼语啾啾，夜必达旦。梁以心恇[1]迁去。余与秋芙虽恃《楞严》卫护之力，而阴霾逼人，究难长处。时水潦已退，旋亦移归草堂。嗣闻半颠飞锡[2]南屏。余不过此寺又数年矣，未知近日楼中，尚复有人居住否？

① 恇（kuāng）：害怕。
② 飞锡：僧人游方称飞锡。

辩才敏思

枕上不寐，与秋芙论古今人才。至韩擒虎[①]，余曰：“擒虎生为上柱国，死不失为阎罗王，亦徼幸甚矣。”秋芙笑曰：“特张嫦娥[②]诸人之冤，无可控告，奈何？”

大人晚年多病，余与秋芙结坛修玉皇忏仪四十九日。秋芙作骈俪疏文，辞义奥艳，惜稿无遗存，不可记忆。维时霜风正秋，瓶中黄菊，渐有佳色。夜深钟磬一鸣，万籁皆伏。沉烟笼罩中，恍觉上清宫阙，即现眼前，不知身在人世间也。

秋芙所种芭蕉，已叶大成阴，荫蔽帘幕。秋来雨风滴沥，枕上闻之，心与俱碎。一日，余戏题断句叶上，云：“是谁多事种芭蕉，早也潇潇，晚也潇潇。”明日，

---

① 韩擒虎：隋朝大将，隋军大举伐陈时，韩擒虎为先锋，直取金陵，俘陈后主，被封上柱国。后来有个病重的人跑进韩擒虎家，侍卫问他找什么人，他说：“阎罗王擒。”侍卫正要鞭打他，在旁的韩擒虎却制止说：“能生为上柱国，死做阎罗王，足够了。”

② 张嫦娥：即张丽华，南朝陈后主妃。陈后主曾为张丽华造桂宫于光昭殿后，谓之月宫。后主每入宴，呼丽华为张嫦娥。陈灭亡后张丽华被杀。

见叶上续书数行云："是君心绪太无聊，种了芭蕉，又怨芭蕉。"字画柔媚，此秋芙戏笔也。然余于此，悟入正复不浅。

夜忆仙子

春夜扶鸾，瑶花仙史降坛，赋《双红豆》词云："风丝丝，雨丝丝，谁使花粘蛛网丝？春光留一丝。　烟丝丝，柳丝丝，侬与红蚕同有丝。蚕丝侬鬓丝。"又《贺新凉》赠秋芙云："久未城西过，料如今、夕阳楼畔，芭蕉新大。日日东风吹暮雨，闻道病愁无那。况几日、妆台梳裹，纸薄衫儿寒易中。算相宜、还是摊衾卧。切莫向，夜深坐。　西池已谢桃花朵。凭青鸾、天天来去，书儿无个。一卷《楞严》应读遍，能否情禅参破？问归计、甚时才可？双凤归来星月下，好细斟、元碧相称贺。须预报，玉楼我。"甲辰岁，仙史曾降笔草堂，指示金丹还返之道，故有"久未西城过"之语。

忆戊申秋日，寄秋芙七古一首，诗云："干萤冷贴屏风死，秋逼兰釭[1]落花紫。满床风雨不成眠，有人剪烛中宵起。风雨秋凉玉簟知，镜台钗股最相思。伤心独忆闺中

① 兰釭：指燃兰膏的灯。也用以指精致的灯具。

妇，应是残灯拥髻时。髻影飘萧同卧病，中间两接红鲂信[①]。病热曾云甘蔗良，心忪或藉浮瓜镇。夜半传闻还织素，锦诗渐满回文数。可怜玉臂岂禁寒，连波[②]只悔从前错。从前听雨芙蓉室，同衾忆汝初来日。才见何郎卺合双，便疑司马心非一。鸿庑牛衣[③]感最深，春衣典后况无金。六年费汝金钗力，买得萧郎[④]薄幸心。薄幸明知难自避，脱舆[⑤]未免参人议。或有珠期浦口还，何曾剑忍微时弃。端赖鸳鸯壶内语，疏狂尚为鲰生恕。无端乞我卖薪钱，明朝便决归宁去。去日青荷初卷叶，罗衣曾记箱中叠。一年容易到秋风，渡江又阻归来楫。我似齐纨易弃捐，怀中冷暖仗人怜。名争蜗角难言胜，命比蚕緰岂久坚。莫为机丝曾有故，蛾眉何人能持护？门前但看合欢花，也须各有归根树。树犹如此我何堪，近信无由绮阁探。拥到兰衾应忆我，半窗残梦雨声参。雨声入夜生惆怅，两家红烛昏罗帐。一例悲欢各自听，楚魂来去芭蕉

---

① 红鲂信：即书信。

② 连波：窦滔，字连波。滔外出为官，未携妻苏蕙赴任，苏蕙将对夫君的思念之情写成诗篇，以五色丝线在方锦上绣下了句句回文的诗词，这便是《璇玑图》。此图编排巧妙，无论正读、反读、纵横反复都是一首诗。滔见此图后，以礼迎苏氏归于汉南，恩好愈重。

③ 鸿庑：指贫者所居之处。牛衣：用麻草编成，披在牛身上保暖之物，属蓑衣一类。鸿庑、牛衣，比喻贫苦的夫妻。

④ 萧郎：原指梁武帝萧衍，后泛指被女子所爱恋的男子。

⑤ 脱舆：指夫妻反目。

上。芭蕉叶大近窗楹，枕上秋天不肯明。明日谢家堂[1]下过，入门预想绣鞋声。”此稿遗佚十年，枕上忽忆及之，命笔重书，惚如梦。

晚来闻络纬[2]声，觉胸中大有秋气。忽忆宋玉悲秋《九辩》，击枕而读。秋芙更衣阁中，良久不出。闻唤始来，眉间有愁色。余问其故，秋芙曰：“悲莫悲兮生别离，何可使我闻之？”余慰之曰：“因缘离合，不可定论。余与子久皈觉王[3]，誓无他趣。他日九莲台上，当不更结离恨缘，何作此无益之悲也？昔锻金师以一念之誓，结婚姻九十余劫，况余与子乎！”秋芙唯唯，然颊上粉痕，已为泪花污湿矣。余亦不复卒读。

秋芙藏有书尺，为吴黟山所贻。尺长尺余，阔二寸许。相传乾隆壬子，泰山汉柏出火自焚，钱塘高迈庵拾其烬余，以为书尺，刻铭于上。铭云：“汉已往，柏有神。坚多节，含古春。劫灰未烬兮，芸编[4]是亲。然藜[5]比照兮，焦桐[6]共珍。”

---

① 谢家堂：谢家是六朝望族。此处指秋芙家。

② 络纬：一种鸣虫，俗称纺织娘。

③ 觉王：佛的别称。

④ 芸编：芸是香草，置于书页内可防虫蚀。后称书籍为芸编。

⑤ 然藜：即燃藜。相传汉代刘向在天禄阁校书，夜暗无灯，独坐诵书，有位老人扶青藜杖叩阁而入，吹杖端着火，让刘向照着看书，并向其传授古籍。后来用以指夜读或勤学。

⑥ 焦桐：琴名。东汉蔡邕曾用烧焦的桐木造琴，所以后代称琴为焦桐。

开户见月，霜天悄然。因忆去年今夕，与秋芙探梅巢居阁下，斜月暖空，远水渺弥，上下千里，一碧无际。相与登补梅亭，瀹茗夜谈，意兴弥逸。秋芙方戴梅花鬓翘，虬枝在檐，遽为攫去，余为摘枝上花补之。今亭且倾圮，花木荒落，惟姮娥有情，尚往来孤山林麓间耳。

娇俏闲情

秋芙好棋，而不甚精，每夕必强余手谈[①]，或至达旦。余戏举竹垞[②]词云：“簸钱斗草已都输，问持底、今宵偿我?”秋芙故饰词云：“君以我不能胜耶？请以所佩玉虎为赌。”下数十子，棋局渐输，秋芙纵膝上猧儿[③]，搅乱棋势。余笑云：“子以玉奴[④]自况欤?”秋芙嘿然。而银烛荧荧，已照见桃花上颊矣。自此更不复棋。

去年燕来较迟，帘外桃花，已零落殆半。夜深巢泥忽倾，堕雏于地。秋芙惧为猧儿所攫，急收取之，且为钉竹片于梁，以承其巢。今年燕子复来，故巢犹在，绕屋呢喃，殆犹忆去年护雏人耶！

同里沈湘涛夫人与秋芙友善，曾以所著诗词属为删校。中有句云：“却喜近来归佛后，清才渐觉不如前。”因

---

① 手谈：下棋。

② 竹垞：清代朱彝尊的别号。以下几句取自他的词《鹊桥仙·辛夷花落》。

③ 猧（wō）儿：小狗。

④ 玉奴：即杨玉环。相传唐玄宗与人下棋，玄宗快输时，杨玉环放开小狗（也有说是猫），将棋局搅乱。

忆前见朱莲卿诗，有“却喜今年身稍健，相逢常得笑颜生”之句，两“喜”字用法不同，各极沉痛。莲卿近得消渴疾，两月未起，霜风在林，未知寒衣曾检点否？

斜月到窗，忽作无数个“人”字，知堂下修篁解箨矣[①]。忆居槐眉庄，庄前种竹数弓[②]。笋泥初出，秋芙命秀娟携鸦嘴锄，劚数筐，煮以盐菜，香味甘美，初不让廷秀《煮笋经》也。秀娟嫁数年，如林中绿衣人得锦绷儿矣[③]。惟余老守谷中，鬓颜非故，此君有知，得无笑人？

虎跑泉上有木樨数株，偃伏石上，花时黄雪满阶，如游天香国中，足怡鼻观[④]。余负花癖，与秋芙常煮茗其下。秋芙拗花簪鬓，额上发为树枝捎乱，余为蘸泉水掠之。临去折花数枝，插车背上，携入城闉[⑤]，欲人知新秋消息也。

近闻寺僧添植数本，金粟[⑥]世界，定更为如来增色矣。秋风匪遥，早晚应有花信，花神有灵，亦忆去年看花人否？

---

① 修篁：长长的竹子。解箨：竹笋脱壳。

② 弓：古代丈量土地的工具和计量单位。五尺为一弓。

③ 绿衣人：指竹子。锦绷儿：指新发的竹笋。此句指秀娟已为人母。

④ 鼻观：鼻孔。

⑤ 城闉：城内重门，泛指城郭。

⑥ 金粟：指桂花。

病中情缚

宾梅宿予草堂，漏三下，闻邻人失火，急率仆从救之。及门，已扑灭矣。惟闻空中语云："今日非有力人居此，此境几为焦土。"言顷，有二道人与一比丘自天而下。道人戴藕华冠，衣蟠龙蚬蠼之袍。其一玉貌长髯，所衣所冠皆黄金色。比丘踵[①]道人之后，若木若讷。

藕冠者曰："吾名证若，居青城赤水[②]之间，访蒋居士至此。"与长须道人拂尘而歌，歌长数千言，未暇悉记。惟记其末句云："只回来巧递了云英密信，那裴航痴了心，[③] 何时得醒？若不早回头，累我飞升。醒！醒！醒！明日阴晴难信。"歌竟而逝。趋视之，则星月在户，残灯不明，惟闻落叶数声，蘧然一梦觉也。

---

① 踵：在后面跟着，追随。

② 青城赤水：传说中神仙居住的地方。

③ 云英、裴航故事见《太平广记·裴航》：唐人裴航经过蓝桥驿，见路旁茅舍一老妪绩麻，航因渴求浆水，妪呼云英携一瓯来。裴航见云英美貌，欲娶之，妪说欲娶云英，须以玉杵臼为聘。裴航后来访求到玉杵臼，更为捣药百日，遂娶云英为妻。

既旦，告予，予曰："余家断杀数十年，而修鸿宝[①]之道六七载，至今黄螾飞腾，犹少返还之诀。岂仙师垂悯凡愚，现身说法欤？歌中曰"云英"，云英者，岂以余闺房之缘，未解缠缚，而讽咏示警欤？时予与秋芙修陀罗尼忏数月矣，所谓比丘者，岂观音化身，寻声自西竺来欤？

秋芙病，居母家六十余日。臧获陪侍，多至疲惫。其昼夜不辍者，仅余与妻妹佀琼耳。余或告归，佀琼以身代予，事必手亲，故药炉病榻之间，予得赖以息肩[②]。佀琼固情笃友于，然当此患难之时，而荼苦能甘，亦不自觉何以至是也。

秋芙生负情癖，病中尤为缠缚。余归，必趣人召余，比至，仍无一语。佀琼问之，秋芙曰："余命如悬丝，自分难续，仓猝恐无以与诀，彼来，余可撒手行耳。"余闻是言，始觉腹痛。继思秋芙念佛二十年，誓赴金台[③]之迎，观此一念，恐异日轮堕人天，秋芙犹未能免。手中梧桐花，放下正自不易耳。

秋夜正长，与妻妹佩琪围棋，三战三北。自念平生此

---

① 鸿宝：泛指道经。

② 息肩：卸去负担。

③ 金台：《海内十洲记》记载，昆仑山上有天墉城，城上置金台五所，玉楼十二所。后用来指仙境。赴金台即仙逝的意思。

技未肯让人，佩琪年未及笄，所造如此，殆天授耶？佩琪性静默，有林下风，字与诗篇，靡不精晓，自言前身自上清宫来。观其神寒骨清，洵非世间烟火人也。今不与对局数年矣，布算[①]之神，应更倍昔。他日谢家堂上，当效楚子反整师复战，期雪曩年城下之耻。

踏月夜归，秋芙方灯下呼卢[②]。座中有人一掷得六么色，余戏为《卜算子》词云："妆阁夜呼卢，钗影阑干背。六个骰儿六个窝，到底都成对。　借问阿谁赢，莫是青溪妹[③]？赚得回头一顾无，试报说、金钗坠。"秋芙见而笑曰："如此绮语[④]，不虑方平[⑤]鞭背耶？"

近作小词，有句云："不是绣衾孤，新来梦也无。"又《买陂塘》后半云："中门掩，更念荀郎[⑥]忧困，玉瓯莲子亲近。无端别了秦楼去，食性何人猜准？闲抚鬓，看半载

① 布算：排列算筹，进行推算。

② 呼卢：即呼卢喝雉。古代的一种赌博游戏。共有骰子五枚，每枚两面，一面涂黑，画牛犊；一面涂白，画雉。五子皆全黑的叫"卢"，得头彩；五子四黑一白的叫"雉"，得次彩。掷子时，人们高声喊叫，希望得全黑取胜，所以赌博又叫"呼卢喝雉"或"呼卢"。

③ 青溪妹：即青溪小姑。相传是汉秣陵尉蒋子文的第三个妹妹，未嫁而死。蒋子文在作战时受伤而死，后人为蒋子文在钟山立庙，以小姑配祀，故又称她为青溪女神。青溪，水名，在今南京，发源于钟山。

④ 绮语：指花言巧语。

⑤ 方平：即王远，传说中的仙人。他有条神鞭，可鞭打人。

⑥ 荀郎：即荀粲，字奉倩，三国魏人。娶曹洪女为妻，妻病故，粲痛悼不已，不久也去世。

相思，又及三春尽。前期未稳。怕再到兰房，剪灯私语，做梦也无分。”时宾梅以纨扇属书，因戏录之。宾梅见而笑曰：“做梦何以无分?”秋芙笑云：“想新来梦也无耳。”相与绝倒。

持誓佛前

甲辰秋，同人招游月湖。夜深为风露所欺。明日复集吴山笙鹤楼，中酒禁寒。归而病热几殆，赖乩示方药，始获再生。

越一年，为丙午岁，疽发背间，旋复病疟。方届秋试，扶病登车，未及试院，而魂三逝矣。仆从舁[1]归，匝月始安。乙酉之夏，复病疮痢，俯枕三月，痛甚剥肤。六年之间，三堕病劫，秋芙每侍余疾，衣不解带。柔脆之质，岂禁劳瘁！故余三病，而秋芙亦三病也。

余生有懒疾，自己酉奉讳[2]以来，火死灰寒，无复出山之想。惟念亲亡未葬，弟长未婚，为生平未了事。然先人生圹久营，所需卜吉。增弟年二十矣，负郭数顷田，足可耕食。

数年而后，当与秋芙结庐华坞河渚间，夕梵晨钟，忏

① 舁（yú）：抬。

② 奉讳：父母逝世后，孝子不忍言亲之名，故讳之。故称居丧为“奉讳”。

除慧业。花开之日，当并见弥陀，听无生之法。即或再堕人天，亦愿世世永为夫妇。明日为如来涅槃日，当持此誓，证明佛前。

图书在版编目(CIP)数据

影梅庵忆语/(明)冒襄著;雷振华注译. —长沙:岳麓书社,2019. 12
(小品雅集)
ISBN 978-7-5538-1171-0

Ⅰ. ①影… Ⅱ. ①冒…②雷… Ⅲ. ①古典散文—散文集—中国—清代 Ⅳ. ①I264. 9

中国版本图书馆 CIP 数据核字(2019)第 197699 号

YING MEI AN YI YU

影梅庵忆语

作　　者:〔明〕冒襄
注　　译:雷振华
责任编辑:李郑龙
责任校对:舒　舍
封面设计:贺红梅

岳麓书社出版发行
地址:湖南省长沙市爱民路 47 号
直销电话:0731-88804152　0731-88885616

2019 年 12 月第 1 版第 1 次印刷
开本:889mm×1194mm　1/32
印张:6. 375
字数:132 千字
ISBN 978-7-5538-1171-0
定价:32. 00 元

承印:湖南众鑫印务有限公司

如有印装质量问题,请与本社印务部联系
电话:0731-88884129